長谷川（間瀬）恵美

MASE-HASEGAWA, Emi

深い河の流れ

宗教多元主義への道

春風社

深い河の流れ——宗教多元主義への道

目次

はじめに

人は、ふと自分自身の実存の究極的な意味とか意義を自問したときに、答えを示してくれる導きを必要とする。私は中学時代にその導きを二人の偉大な人物から受けた。遠藤周作（一九二三～九六年）とジョン・ヒック（一九二二～二〇一二年）である。

遠藤は一二歳のときに、母親を喜ばせるために無自覚なままカトリック教会で受洗し、この出来事がその後の文学活動に大きな影響を与えた。二七歳のとき、氏は終戦後初の日本人カトリック留学生として渡仏、敗戦国民としてのリヨンでの留学体験は想像を絶するほど孤独だったようである。「家郷を離れ、…新しい環境のなかで、おどおどとし、自尊心を傷つけられ、劣等感に苦しんでいた」と当時の体験を語っている。西洋において、キリスト教と自身のキリスト教信仰の距離感は深まり、人種差別に苦しみ、心身共に疲れ果てて吐血して帰国を余儀なくされている。氏は生涯、病気と戦いながら執筆活動を続けた。順子夫人と龍之介の三人家族の中では、厳格な夫、父親を演じていたというが、息子の眼には、家の中でも恥ずかしがり屋で照れ屋、そしていつも好奇心旺盛な父に映っていたと聞いた。

私も一二歳で受洗した。また海外生活で味わう劣等感や孤独も体験した。特に海外留学中では、親から与えられた信仰と日本人でありキリスト教徒であることを心底から受け入れられない苦しみと葛藤したが、そのような折には、遠藤の体験を自身の経験として重ねて遠藤文学を読むことによって大いに勇気づけられた。日本キリシタン史を学んだのもそのような折に読み続けた遠藤文学からだった。氏が提示する普遍的なキリスト教のメッセージと日本人キリスト者としてのマイノリティ独自の解釈は「特殊にして普遍」という遠藤文学の中核をなす思想として広く世界で認知されていた。そこで、神学・宗教を研究する私に与えられた課題は、氏のキリスト教学的挑戦を継承し、伝統的な西洋の枠組みで構築されたキリスト教を脱構築して日本文化に実生化することだと考えるようになっていった。

私の思想を育ててくれたもうひとりの人物は、宗教多元主義の提唱者として宗教研究の分野では広く世に知られた英国のジョン・ヒックである。ヒック先生は父（間瀬啓允《ひろまさ》・慶應義塾大学名誉教授）の父親的存在であったことから、中学時代にそして青年時代にひとりで海外留学をしていた私を自分の孫娘のように気遣って下さった。ちなみに「ヒック先生から学んだこと」と題する追悼文を慶應宗教研究会の年報『宗教研究』（第二五集）に寄稿した。私はヒック先生の「宗教多元主義」を学び、諸宗教に生きる人びとのことを「肌で感じ、考え、学ぶ」という姿勢を教えられた。他者を受け入れる心、寛容な心は自己中心的なものであってはならない。自分の宗教中心で、過激で、排他的な信仰告白的なものであってもいけない。自己を無にして相手の立場に立つように努力し、共感しようとする謙虚な心をもって初めて他者が理解できる。それは真理（神秘の領域）に対する独善的な思想からは生まれない。自分の信仰に対するほんの僅かな懐疑、「間違っているかもしれない」という謙虚な姿勢が必要である。人知では到底はかり知ることができない真理に対する学びの姿勢が必要だ。そういう大事なことを、先生の宗教多元主義の哲学を通して学んだ。

本書は、筆者が多元的な宗教理解（宗教多元主義）を基点に、「宗教と文化」をめぐるキリスト教の実生化《みしょうか》（異文化内開花）について研究を続けてきた約二〇年間の研究成果をまとめたものである。タイトルの「深い河」は、筆者のこれまでの歩みを表す「宗教的メタファー」として用いている。出来るだけ重複を避けたが、やむを得ず残った部分もある。その点ご寛恕いただきたい。

本書は奇しくも「長崎と天草地方の潜伏キリシタン関連遺産」がユネスコ世界文化遺産に登録されるのと同年に出版される。時の権力に抗っても「生きる」ことを選択し、約四五〇年間日本のキリスト教史を紡いだ〈信仰とその記憶の遺産〉により提示された普遍的宗教性と特殊な価値の一端を本書が明らかにし、この内容にふれた読者が改めて「隠れ」の真実に向き合うことになるならば、筆者としては望外の喜びである。

本書を、八〇歳を迎えてもなお向学心止まず「青春」（ウルマン）を享受している父に、尊敬と感謝の意を込めて贈りたい。

社と寺の和合（京都）

寺と教会の和合（生月）

第一章　母なるものを求めて——遠藤周作文学における宗教思想の展開

一　遠藤周作の文学におけるキリスト教の実生化《みしょうか》

遠藤周作の文学における一つの重要なテーマは、いかにしてキリスト教が日本において文化内開花することができるかという問いだった。遠藤はそれを「日本人としてキリスト教信徒であることが、ダブダブの西洋の洋服を着せられたように着苦しく、それを体に合うように調達することが自分の生涯の課題であった」と特有の比喩で語る。キリスト教が異文化に移植される形態は、通常「土着化」、「文化内開花」、「異文化内開花」と邦訳されるか、もしくはカタカナでそのまま「インカルチュレーション」と表記される。私はこれに対して「実生化」という言葉を提唱する（実生化の玄義については第三章に詳しい）。この言葉は京都洛西教会（バプテスト）の杉野栄牧師との会話から学んだ。草木はその土地に種を根づかせてしっかりとその土地に根を張り、実を結ぶ。これは「実生の桜」「実生のくちなし」と呼ばれる。キリスト教の宣教は、すぐれて文化における実生化を目的とすると私は信じる。

遠藤文学におけるキリスト教の実生化を真に理解するためには、彼の生きた戦中・戦後の日本の時代背景、またその流れにおけるキリスト教の立場を考慮することが大切なので遠藤文学を次の三段階に分けて考察する。

第一段階（相剋）［一九四七〜六六］「神々と神と」（一九四七）〜『沈黙』（一九六六）
第二段階（相互理解）［一九六六〜八〇］『沈黙』（一九六六）〜『侍』（一九八〇）
第三段階（統合）［一九八〇〜九三］『侍』（一九八〇）〜『深い河』（一九九三）

第一段階は、実生化における準備段階と見なすことができる。「神々と神と」は上智大学の「四季」第五号に提出された。遠藤はこの作品において、西洋のキリスト教的感覚は日本人にはどうしても理解することができないと主張し、日本と西洋の間の深い溝を指摘する。この作品に始まる遠藤の作品の数々が、日本人の感性に合った「神」の解釈の必要性を考え始める準備段階となる（第二章で詳しく述べる）。

第二段階では、「神」無き日本において西洋人と日本人の相互理解が模索される。ここでキリスト教が実生化するための「キリストのイメージ」が究明される。『沈黙』のクライマックスで遠藤は、踏み絵のイエスが迫害されている神父の痛みを共に負うという劇的場面を描く。これは踏み絵のイエスが語る「踏むがいい」という驚くべき言葉に集約される。人間の痛みを背負う十字架のイエスが日本の大地に根を張る瞬間である。「踏むがいい」というこの一言において、遠藤は母性的なキリストのイメージを表現した。英訳は“Trample!”「踏め」という命令形をとっており、読者の解釈を混乱させる。私は常にこの箇所を“You may trample”と訂正している。命令形では母なるキリストのイメージがまったく表現されないばかりか、神父は父性的な神の命令に従ったとしか解釈されないからである。訳者の意図については再考すべきであるが、その英訳を基にスウェーデン語をはじめとする各国の言葉に訳されているのは残念である。私は、遠藤が踏み絵のキリストを「踏む」という大胆な行為の描写によって、西洋の専制君主的な神理解を否定したのだと理解している。その後、遠藤は一九六八年から五年間、毎年イスラエルへの旅を続け、「聖書物語」の連載を続けた。そして「痛みの中に弱者とともにある」「すべてを抱擁する母なる」「永遠に同伴する愛なる」イエスといった彼独自のキリスト像を展開する。第二段階における遠藤のイエスのイメージは聖書の「置き換え手法」を援用している。聖書のイエスは、地上の権力的王としてではなく、心に再生した愛の王に変容したと遠藤は解釈する。つまり王は、新しい価値と意味を携えて人々の心の中に復活する。このように欧米の観念的な伝統神学を批判して、それを脱構築する遠藤の秘められた神学的姿勢がみられる。〈強くもあり弱くもある存在として描き出されたイエス〉を通して出会う東西の人々には、日本対西洋という断絶的枠取りを越え出た、和解と相互理解がもたらされる。

第三段階において遠藤は、人間の無意識に焦点をあてる。一九九三年に出版された『深い河』では、人間の無意識の領域（魂の次元）においてキリストの人格性は弱められ、キリストの霊性との調和がみられる。ここにおいて遠藤は、多元主義的に聖霊を解釈している。信仰は聖霊の働きを中心とする霊性（スピリチュアリティ）の応答として再解釈され、遠藤の挑戦が見られる。この作品においては、日本対西洋、日本人対西洋人という二者対立の構造は超越されており、日本と西洋はグローバルな世界に共に位置する共同体として認識されている。

二　遠藤文学の底流に潜む古神道

神道の長い歴史を回顧すると、国家神道は天皇が唯一の現人神として祭り挙げられて一神教化された、一時の特殊な神道の形態であったことが分かる。この負の歴史を軽んじることはできないが、今日、神道は「宗教」と感じられることなく生活の中に取り込まれ、日本人の若者の多くは子どもの時から初詣や七五三で神社へのお参りに親しんでいる。そのような現実を前に、再び神道を日本文化の基層〈見えざる国教〉として解釈し直す必要がある。

日本思想の基層にはアニミズム的感性が宿る。それは無意識の宗教の原型とも理解され、私はこれを、誤解を恐れずに、古神道（Basic Shinto）と呼ぶ。古神道はOld ShintoとかPrimitive Shintoと訳されているため、原始的あるいは未開な宗教と解釈される。しかし、私はあくまでも現代に解釈された神道の基底という意味で「古神道」と呼ぶ。神道精神は古代から現代に息づく日本の民族宗教であり、伝統信仰である。それは外部から刺激を受け、それなりに変化を遂げながらも生き延び、人間の感性に訴える力を持ち続けている。山川草木、生きとし生けるもの全てに魂《アニマ》があると信じ、「八百万《やおよろず》の神々」が宿るという思想が神道の基礎であり、今も日本文化の底流をなす。また人間も例外ではなく、一人一人の内面に等しく神性を見る。私はそれを古神道と理解する。ちなみに鈴木大拙は『日本的霊性』において、日本的霊性の原型は神道的なものにあるといい、その純粋で高度な完成形態は鎌倉時代の浄土系思想と禅にあるという見解を記している。私はその完成形態が「浄土系思想と禅にある」という考えに疑問を持つが、日本的霊性の原型を神道的なものにみるという主張には賛成する。さらに鈴木大拙は、民族と大地の関係、「大地性」を唱える。そこでは、日本人としての主体的な苗を大地に下ろすことの大切さを訴えている。そして大拙は、後に「世界では往々仏教が日本化したとか、儒教が日本化したとかいふけれども、自分の考え方では、それを逆にしたいのである。日本的霊性的自覚が主になって、それが仏教なり何かに働きかけて、その中から取るべきものを取って、自分の自覚の内容の充実に資したのだと――かう云ひたい」と語る（『霊性的日本の建設』）。

古代日本人は万物の根源、世の始まりを「霊威が生み出す行為」「霊妙な力」と考えた。実在は産霊《むすび》の自己形成の世界であり、その実態は霊であり、その行為を霊顕《ひあら》と捉えた。豊かな自然の中にある生命《いのち》の営みを産霊《むすび》として感じ、世の始まりを生命と捉えた。古神道の核とするものは産霊の精神史であり、アニミズム的感性の最たるものだと考えられる。

日本神話には天地開闢の際、天御中主神《あめのみなかぬしのかみ》の次に神皇産霊神《かみむすびのかみ》と高皇産霊神《たかみむすびのかみ》が高天原に出現したとされ、これが造化の三神とされる。アニミズムの世界は創造（create）されるのではなく、発生（generate）する。これこそが日本の文化的・宗教的背景にある古神道世界の底知れぬ母胎への畏敬、豊穣力に対する尊重、巫女的霊性を重んじる宗教性に通じる。後の日本における仏教の観音信仰にもみられるように、観音は元来男性であったものが、アジアの風土では女性的姿をとって人々に親しまれることになった。それは、キリシタン時代のマリア観音として後世にも大切に信仰の対象として継承されている。遠藤文学において神が「母性的なもの」であることは、本人自身も十分に意識していた。というのも、遠藤は日本人の宗教心理に沿う「日本的な母の盲目的愛、日本的母の抱擁力をもつ宗教」を求めていたからである。遠藤が日本人として「多くの神の息子です」という言葉に託した意味深長な内容、即ち自分自身の無意識の内に流れている宗教の原型をここに見出すことができる。

では、このように遠藤が求めた「母なるもの」という神の概念は、個人の、そして日本という特殊な枠組みを超え出て、真に普遍的なものと成り得たのであろうか。

最初に、遠藤の表現する「母なるイエス」が現代の西洋におけるフェミニズムの論争の枠内で論議されるべきものではないということを指摘しておきたい。遠藤における「母性」の概念は文化的、時代的、または個人的な体験という文脈《コンテクスト》において構成されたものであり、日本固有の文化的・宗教的伝統に基礎をもつ。遠藤は、文学において日本という母性的文化を前に、あくまでも神の本性に父性的・専制君主的な面が強調され過ぎて日本に伝来したキリスト教に対して、相互補完的である母性を語った。つまり遠藤が神を「母なるもの」として捉える際、そのキリスト像が父性と相対するものとして捉えられてはならない。遠藤は、あくまでもキリスト教が日本の文化的・宗教的伝統に受容される際に必要不可欠である神の要素を大切に取り扱ったのである。このことは、欧米のフェミニスト神学が神を「父なる神」に対抗して「母なる神」あるいは「父・母なる神」と呼称することとは異なる。日本社会において民衆宗教では「親神さま」という使われ方が示すように、「神さま」という言葉で呼びかける日本の信仰にはジェンダー論は介入していない。

林道義は『母性の復権』のなかで、母性とは「子供をかわいいと感ずる優しい心の動きであり、その心にしたがって子供を包み込み、守り、育てようとする性質である」という。そしてまた、その性質は「弱く壊れやすく、社会の中で形成され、圧迫され、解体され、修復されるものでもある」という。これは遠藤の描く「母なるもの」のイメージを理解する際、大切な視点である。遠藤が「母なるイエス」を通じて神を語る際、彼自身の個人的経験から、また母親との絆を背景にして形づくられた理想像から、すべてを憐れみ、慈しみ、受け入れる、何より包容力のすぐれたものとして母性を捉えている。しばしば文学作品に登場する母親は、子の出来がどんなに悪かろうと変わらない愛をもって子を励まし、子はあるがままの姿で愛されていることを感じ、安堵する。この無条件的な母親の愛の姿を遠藤は「母なるもの」と呼ぶ。

遠藤は、このような個人的経験から導き出された「母なるキリスト」のイメージの正当性をかくれ切支丹の信仰対象であったマリア観音に見出す。日本におけるキリスト教の歴史は隠れキリシタンに代表される苦難の歴史であり、彼らは西洋から輸入されたキリスト教が日本的キリスト教に変容されようが頓着せずに信仰を守り抜いた。この驚くべき歴史的事実に、また彼らの固い信仰を前にして、遠藤は、キリスト教が日本の地に開花するために必要不可欠であったものが何であったかを問う。隠れキリシタンは西洋の宣教学の視点からは、いわば裏切り者の祖先である。彼らは日本の歴史における迫害時にキリスト教徒であるがために様々な精神的・肉体的な苦痛に会い、それに耐えられず「転んだ」人々の祖先である。彼らにとって必要であったのは裁く神ではなく、裏切った後も彼らを包み、痛みを分かってくれる「母なるもの」であった。彼らの信仰対象はマリア、そして観音という「母なるもの」へと変容していった、と遠藤は理解する。しかしながら、烈しい弾圧下、約四〇〇年にわたって潜伏し、仏教を隠れ蓑としてキリスト教の信仰をかたく今日まで守り続けてきた人々、その信仰は「母なる神」を求めていたという「かくれ切支丹」（遠藤が用いる表記）の美しい信仰は、実は遠藤の願望であり、虚像にすぎないのが現実である。彼らの間では、自らの信仰を「里の信仰」と呼んでいる。彼らは「かくれ」てもいなければ、「切支丹」でもない。これは昨年度（二〇〇四年）十月に生月島の根獅子《ねしこ》を訪れて、根獅子の里の信仰を目前に得た結論である（第四章に詳しい）。

にもかかわらず、私は遠藤の「神」概念、つまり「母なるもの」とは特殊かつ普遍なものだと信じる。人間は皆、弱い。そして弱いがゆえに苦しむ。その葛藤の中に立ち続けた遠藤が求め、見出したキリスト像は、裁き罰する神のもう一つの面、それでも憐れみ、慈しみ、包んでくれる「母なるもの」であり、そのような「神」を遠藤は彼の文学において追求した。このひたむきな求道の姿勢が国内外のキリスト教信者、それ以外の多くの人々の共鳴を得たと考えるからである。一方、それは人間の甘え、依存願望を容認する神を迎え入れてしまうのではないかという批判にも向き合わなくてはならない。『甘えの構造』において土居健郎は、日本の文化、精神風土を鋭く批判する。「甘え」は日本語に独特な感情で、それは親と子、師弟関係、雇用関係など日本文化のいたるところに見出せる。遠藤の「母なるもの」への信仰に甘えの構造をみた土居が遠藤文学を排除したのは、このことと無関係ではないように思われる。

三　遠藤文学に与えられた課題

宣教と文化

遠藤文学の第二段階『侍』(一九八〇)まで、西洋は支配的立場、日本はあくまで被支配的立場にあった。それは未だ日本において「ミッション」(宣教)という語にキリスト教の押し売りというイメージが払拭されないことを反映する。これに対し、その後の遠藤文学は宣教と文化の関係において画期的な展開を遂げている。一九九三年に出版された『深い河』はインドを舞台とし、日本人司祭が日本で一度は拒否したキリスト教を積極的に受容することによって、宣教師となる決意を持って日本から海外へとはばたく。

実生化は「伝道の視点vs.受容者の視点」「西洋（宣教師）vs.日本（日本人）」「与え主vs.受け手」という対立の構図を超え、脱構築へと向かわせる。それは両者が補完的であるという視点を提供し、各地の社会的・文化的文脈で「受容する側」から新しく問い直すという認識の必要性を提供する。独自の文化の文脈《コンテクスト》において宣教師の教えを受容し、あるいは排除することを繰り返し、プラグマティックな信仰を作り出した『深い河』に登場する日本人神父、大津の信仰は、日本文化の特殊性を積極的に認め、肯定する実生化の一例として解釈できる。

大津にとって神を信じることとは西洋のキリスト教を信仰することではなく、愛を信頼することだった。その愛を教えてくれたのが母であり、母はその愛をイエスから学んだ。遠藤は大津に自分を重ねて語っている。

　少年の時から、母を通してぼくがただひとつ信じることのできたのは、母のぬくもりでした。母の握ってくれた手のぬくもり、抱いてくれた時の体のぬくもり、愛のぬくもり、兄姉にくらべてたしかに愚直だったぼくを見捨てなかったぬくもり。……その時、玉ねぎ（神）とはこのぬくもりのもっと、もっと強い塊り――つまり愛そのものなのだと教えてくれました。

（『深い河』一九三）

大津は、紆余曲折した人生をたどった末にイエスが母なる愛でいつも自分に同伴していてくれていたことを確信する。そして、ガンジス川を目指す行き倒れたアウト・カーストの人々を自分の背におぶって河まで運ぶ。この行為は大津にとってイエスが十字架を背負いゴルゴダの丘を登った真似事だった。大津は「母なる河」へ「人々の悲しみ」を運び届けた。

自己犠牲の愛

『深い河』において、ガンジス河が「母なるもの」のシンボルとして重要な役割を果たす前提に、遠藤はヒンドゥー教の女神チャームンダーをキリストのアナロジーとして登場させる。「チャームンダー」は女神というステレオタイプ的なイメージを覆す。女神チャームンダーには西洋の聖母マリアのような清らかさは皆無である。乳房は老婆のように萎び、腹部は飢えでへこみ、そこにさそりが噛みつき、右足はハンセン病でただれ、病苦や痛みに耐え、それでも萎び、垂れた乳房を子供たちに与えている。この姿はまさしくアジアの「母なるもの」である。母は、自己を犠牲にしても子を憐れみ、慈しみ、受け入れる、愛のシンボルである。このような「現世の苦しみに喘ぐ東洋の母」、その母の愛に対していかなる「甘え」、土居が指摘する依存願望を容認するような「甘え」は通用しない。

そして自己犠牲はキリスト教の普遍的・根本的な教えである。その教えは「忘己利他」という仏教の教えにもみられる。それは自分を「無」にして相手を思う心、奉仕する生き方である。イエスは短い人生を通じて自己犠牲の愛を通して、自己実現の姿を人間に示した。私は江口再起(ルーテル学院大学教授)が語ることに深く賛同する。「今日、自己実現ということが強調されていますが、本当の自己実現とは、たんなる自己主張的な生き方ということではなく、ある場合には自己を犠牲にして他者に奉仕する中で初めて実現してくるような自己の生き方ということではないでしょうか。そしてキリスト教はそういう生き方を私たちに教えているのではないでしょうか」。

「母なるもの」には、もはや女と母という区別は見出せない。聖母マリアも観音も女神チャームンダーも女という性を担い、社会的に偏狭におかれた、弱い存在であった。しかしだからこそ、その一方で、限りなく心の底から苦しみと悲しみを共に負う同伴者となりえた。ここに凛とした強さが現われる。このような母性の愛に包まれて真の幼子の心に戻ること、つまり赤子が正面から母親に抱きつき包容されるその信頼関係における神への信仰こそが今の時代に必要だ、ということを遠藤文学から学ぶことができる。

宗教多元主義

遠藤は『深い河 創作日記』の中で、ジョン・ヒック（一九二二〜二〇一二）の提唱する宗教多元主義に非常に影響を受けたと書いている。ヒックは現代イギリスを代表するキリスト教の神学者・宗教哲学者である。イギリスはキリスト教を国教とするキリスト教国である。しかし移民の受け入れなどによりユダヤ、ムスリム、シーク、ヒンドゥーなど、他宗教の信者がコミュニティを作り、それぞれ生活を始めている。そこでヒックは、キリスト教が絶対性を保持し続けることは社会の現状から見て、もはや許されないことであると、一九六〇年代に逸早くその現実を認知した。ヒックはキリスト教徒（長老派）である独自の立場を保ちつつ、他宗教との共生の道を求め続け、キリスト教の絶対性（キリスト中心）を脱する必要性を説いた。そしてヒックは、宗教の多元性が存在するという現象をもとに、どの宗教にも働いている究極リアリティを中心とした宗教理解のための理論モデルを提唱した。つまり究極リアリティはどの偉大な宗教伝統においても、人格的に、あるいは非人格的に捉えられる、というのである。ヒックはそのリアリティを「無」（fullness）と考えることにも賛同を示す。究極リアリティに対する人間の応答にはさまざまな形態が認められ、どの形態においても「自我中心から実在中心への人間存在の変革」が生じていて、その変革が人々のいう「救い・開放・悟り・完成」なのだと主張する。

諸宗教間対話

宗教多元主義はキリスト教圏・キリスト教社会において、キリスト教の立場から多数の異宗教間の「真理」を調停する。つまり宗教多元主義は相互理解の可能性を追求するための「諸宗教間対話」を重視する。特にヒックの宗教多元主義は、「現象的な『多』から導かれる本体的な『一』」としての実在《リアリティ》を導くことにある。キリスト教、ユダヤ教、イスラーム、シーク教、仏教、ヒンドゥー教など、様々な人々がそれぞれの宗教的な体験を重視し、その宗教体系の中で生活しているが、そのような現実の中で、独自の教えのみが真理であるという立場を放棄し相互の対話を促す。対話を通して究極リアリティに導かれることが目的となる。そこでは、本体的な「一」をみている超越的な立場に誰が立っているのか、という基本的な論争が英米で展開された。しかし日本では宗教理解のための多元主義モデルとして、仏教的な「多即一」「一即多」という論理が応用され、紹介された。つまり宗教多元主義は、宗教を多元的に理解することを提唱するものであり、宗教寛容の精神を育成する基礎であると解釈され、、ヒックの多元主義は日本の社会に導入された。

日本は独立した島国であると考えられがちであるが、歴史的にみればアジアのさまざまな国と交流し、多文化主義、多民族主義であったことが理解される。宗教においても、伝統的に多宗教が共生している。日本は古神道を底流として仏教、儒教、ユダヤ教、キリスト教、イスラーム等、さまざまな宗教との出会いを通して、受容と排除を繰り返してきた。神仏習合は、神道と仏教の出会いを通して共存するようになった多元主義の好例であろう。しかし現代の日本においては、「政教分離」の旗の下で人々の宗教離れが語られて久しい。宗教は個人のものであり、それが害を及ぼさない限り話題には上ってこない。他人の宗教は自分にとって関係ないし、興味がないという「無宗教・事なかれ主義」がはびこっている。私が一〇年間住んでいた京都には、神社、仏閣、教会、モスクが平和に並存している。これを宗教多元主義の文化とみることもできる。しかし、絶対的に異なる点がある。現代の人々は異宗教に対してまったく無関心・無関係・無知であり、宗教対話に対する興味を全く持たないようである。宗派の側もまた、独自の伝統的教義の勉学には勤しんでも、他宗派のものには関心がない。日本の宗教の現実は、まだまだ排他的である。

『深い河』において、遠藤は仏教の発祥地を巡るツアーに日本人の一行を参加させ、主人公の一人をインドにまで導くが、当初の目的は達成されないままストーリーは終わる。むしろガンジス川が最終目的地となる。しかし『深い河』において欠けているのは、宗教多元主義が追求する諸宗教間の対話である。登場人物それぞれの間で、肝心の宗教意識をめぐる対話は交わされていない。日本人は宗教において情緒的であるがゆえに「対話」がないのであろうか。しかし、日本人の誰もがスピリチュアル（霊的）な癒《いや》し、救いを求めている。そのことを『深い河』の登場人物たちが語っている。にもかかわらず心を開いてそれを語り合う場面はない。彼らは母なる河に包まれ、癒されて帰国する。個人の宗教体験は言語にして語られなければ、どこまでも個人のものであり共有されることがない。日本人は語らずして相手を理解することを美徳とするせいか、言語化する努力を怠る傾向がある。『深い河』の登場人物も皆、ばらばらにお互いを理解することなく独自の世界に戻っていく。しかし遠藤が「母なるもの」を展開するに際しては、宗教多元主義の理論モデルに忠実であった。

『深い河』の後半部、ガンジス川は「神の愛」のシンボルとして扱われる。人種、老若男女、聖も醜も、貧富の差や宗教の違いも、河は全てを受け入れ流れていく。

おわりに

「母なるもの」——宗教的共存の道

どの宗教にもその根底にはスピリチュアリティ（霊性・豊かな精神性）があり、このスピリチュアリティの普遍性のもとで、宗教は一つ一つ個別の宗教として存立している。例えば、西行法師（一一一八〜九〇）は、伊勢を参詣したとき「何事の　おはしますをばしらねども　かたじけなさに　涙こぼるる」と詠んだ。これは日本人の宗教意識を的確に表している。誰もが一度は神社に参拝するという経験を持つのに、その神社に祀られている神の名前を尋ねることなど殆どない。祀られている神の名は知らなくてもいい。大切なのは鎮守の森、そこに流れる川、木々のざわめき、小石の一つ一つに神性を感じ、生かされていることに感謝するということ、それが日本人の受け継いできた古神道の宗教性、宗教的感性、スピリチュアリティである。

遠藤は『深い河』において、大津の言葉を通じて神の概念を脱構築する。神（イエス）は愛、命のぬくもり、もしくはトマトでもタマネギと呼んでもいいという。神は「人間のなかにあって、しかも人間を包み、樹を包み、草花をも包む、あの大きな命」、そして「それしか…この世界で信じられるものがありません」と、神を「それ」という人格とも非人格とも捉えがたい形で語る。そして河（自然）を登場させることによって神を霊力のシンボルとして捉える。その背後には、古神道の基層にあるアニミズム的感性が流れる。つまり万物に魂《アニマ》が宿っているという感じ方である。古神道の「母なる自然」という思想は、女性と自然が同一視されたり、混沌は支配されるべきものと考える西洋の思想とは根本的に異なる。

一神教の思想伝統においては、「神」は全知・全能・唯一・絶対であり、父であり、創造主である。しかし、同じ一神教でありながらユダヤ教ともイスラームの教えとも異なる点は、キリスト教の伝統においては「三位一体」の教義が本来の「神」概念であるということである。父と子と聖霊は「三位にして一体」である。アウグスティヌスは「一実体にして、三位格」（Una substantia, tres personae）という。時に異端呼ばわりされてしまう遠藤の神学的思想を積極的に解釈するならば、三位一体の神の「聖霊」格は日本の大地に根ざす古神道の中に見出すことが可能である。神は自然の中に、自然と共に、自然を超えて存在する。神と自然は不一不二である。これは「汎神論」ではなく「汎在神論」的な神の思想である。

「風は思いのままに吹く」（ヨハネによる福音書三章八節）。その風を受くるものは大地に根を張り、天を仰ぐ。遠藤は自分が生かされている日本という大地に、限りない愛、包容性、許し、母なる愛を見出すことで、自分の存在の根底を探し当てた。「自分には生活のために交わった他人は多かったが、人生の中で本当に触れ合った人間はたった二人、母親と妻しかいなかったことを認めざるをえなかった」と告白する由縁である。

一九八八年に発表した「みみずのたわごと」において遠藤は、人間の無意識に埋もれた記憶には誕生の前の子宮の中にある無上の安心感や至福が含まれるのではないか、と書いている。

その至福感は『母なるもの』との一致であり、大きな生命のなかに存在する充足なのであろう。それは無意識の中で我々に記憶されて生涯、残っているのである。

日本人として、またキリスト教信者として、欧米の観念的な伝統神学を脱構築し、日本的情緒の中に見出される知の立場に立って新たな日本の神学を形成することは、一研究者として焦眉の課題である。そのためにも、日本文化の文脈《コンテクスト》において、遠藤の文学の要である「母なるもの」を古神道の底流に見据えつつ、さらなる思考を重ねていくことが重要である。また、それは遠藤周作が目指した「キリスト教の実生化」を引き継ぐものであると私は考えている。

第二章　日本的汎神性《パンセイズム》と母なるもの――遠藤周作文学（第一ステージより）

一　母なるものの再考

遠藤周作は文学作品において終始、日本の文化・思想に生きる日本人の心に共感しうるキリスト教を表現することに努めた。遠藤の宗教思想に影響を与えた主な要素に内的要素（時代背景・原体験に即した人間形成）と外的要素（キリスト教教義に呼応した文学形成）が挙げられる。内的要素としては、幼児期の異国生活（一九二六～三三）、両親の離婚（一九三三）、無自覚なままのキリスト教受洗（一九三五）が挙げられる。また、青年期に参戦せずに敗戦を迎えたこと（一九四五）、敗戦国民としての留学、留学先での病気による帰国、挫折（一九五〇～五三）、その後の人生における病との闘い、が挙げられる。外的要素としては、敗戦、国家神道の抑圧からの解放、第二バチカン公会議（一九六二～六五）の開催、井上洋治神父との友情（一九五〇～九六）、ヒックの「宗教多元主義」との出会い（一九九一）が挙げられる。これらは、遠藤の文学作品の背後に存在する「神学的挑戦」を理解するために重要な要因である。

文学をテキストとして解釈する場合に二つ考慮されるべき問題がある。一つは読者主体によるテキストとの関わり方の問題（方法論）である。テキストとされる文学は決して読者に捕縛されないし、意味の固定化も許されない。つまり、文学は読者の多義的な解釈が許されている。しかし文学を研究する者にとって、研究の「主体」をどこに置くかという〈主観と客観の構図〉は、常に問題視されなくてはいけない領域でもある。あくまでこれは方法論的な危惧であるが、主体を読者（研究者自身）に置くのか、語り手として作品中に登場する「作者」に置くのか、執筆している作者自身の思想に置くのか、（自伝的なテキストにおいて登場人物と作者が重なっている場合）注意する必要がある。もう一つは、解釈の基準の問題である。先に、文学には多義的な解釈が許されると述べた。しかし、文学によっては明確な倫理的・神学的基準の妥当性が問われる。日本のようにキリスト教の倫理・道徳を基礎に持たない精神風土においてキリスト教文学がどれだけ理解されうるのか、これは日本の精神風土とキリスト教文学の解釈の可能性を問う上で常に問題として指摘されなければならない。

本章において遠藤周作の思想の特徴の一つである「母なるもの」を再考するにあたり、遠藤文学の第一段階（相剋）［一九四七〜六六］を主に考察する。遠藤は、第一段階で発表した数々の短編小説、評論、エッセイ等において、「日本的汎神性」という独自の解釈を試みており、私は遠藤の使用する語、「汎神性《パンセイズム》」を考察することで、その後に展開される「母なるもの」という思想を積極的に評価することができると考えている。

二　汎神性《パンセイズム》

遠藤文学の第一段階は、与えられた宗教（キリスト教）を受容しようとする遠藤自身のアイデンティティの葛藤が描かれており、それは西洋対日本、giver vs. receiver という二元論的な相克の構図として示すことができる。一九四七年、上智大学の「四季」第五号に提出した「神々と神と」にはじまる諸作品において、日本と西洋の間の深い溝が指摘された。日本人には西洋の「神」概念が理解できない、という問題は、遠藤にとって絶対に避けては通れない実存的問いだった。遠藤は、「われわれ（日本人）は神々の子」であり、また「僕たちの血統は、神々の血統であり汎神論的」であると述べている。[1]「神々と神と」（一九四七）に始まる第一段階の作品において、遠藤は日本人の感性に訴える「神」の解釈の必要性を提示した。[2]

一九四七年　「神々と神と」

カトリシスムを知れば知るほど僕たちは神々の子としての血液がざわめき叫ぶのを聴かねばならぬのです。　（一七）

敗戦後、西洋と日本の相克の構図を克服するための希望を抱いて、遠藤はフランスに渡る（一九五〇～五三）。しかし、遠藤はキリスト者として（同輩として）迎え入れられることはなかった。遠藤は、敗戦国民としてまた人種差別に苦しむ。そして西洋のキリスト教と自分自身の信仰の距離感が深まるにつれ、精神的に孤独でみじめな辛い留学生活を送った。留学中の作品で遠藤は以下のように記している。

> 一九五〇年　「誕生日の夜の回想」
> 考えてもみるがいい。何百年来、培われ鍛えられてきた欧州文学の血液、一神的地盤基督教の伝統をば、汎神的素地のなかに発育成長した日本の文学的現実の中に何の距離感もなく何の摩擦もなく、一朝一夕にして移植できるものかを。…僕らは外国文学から何を摂るにせよ、常に僕等が殆ど宿命にも似て背負っている汎神的な血液を常に意識しておかねばならぬ。（一〇五）

心身共にストレスをつのらせ、吐血した遠藤はジョルダン病院に入院し、帰国を余儀なくされる。帰国途上の船の甲板で、遠藤は、黄色人の混沌とした色、濁った色を自覚し、境界なき色の世界に還ることで、黄色人種としての日本人という自己を意識する。そして、白人の世界と決別することによって、黄色い世界と白い世界を混同せずに「対立させる」ことから遠藤の文学活動は始まった（「アデンまで」一九五五年）。第一段階において、遠藤が積極的に「汎神性」をテーマとして取り扱っていることは見逃すことができない。

一九五四年　「カトリック作家の問題」

人間は自然や宇宙といったものにそのまま還ることが出来る。受け身そのままそれら大いなるもの、永遠なるものにとけこめるわけです。（堀辰夫の文学解釈）　（一二三）

此の一切の価値基準の放棄と、就中《なかんずく》此の受身の姿勢こそ、まさしく汎神主義《パンテイスム》が発生する絶好の温床でありましょう。何故なら、汎神主義こそ存在感のあらゆる相互の限界と秩序と価値を捨て去ったところに始まるのですから。例えば、人間が自然に本質的に同一であるのが汎神主義の一特性であります。尚それは、人間が自然に対し、個が全に対し、受身であるところから始まりますから。　（三五）

一九五五年　「基督教《きりすと》と日本文学」

和辻博士はその名著『風土』の中で西欧の感性を砂漠的となづけ、ぼくらのそれを湿雨《モンスーン》的となづけられたが、つまりすべてのものの境界をあいまいにぼやかせてしまう湿雨のように、僕等の感性は本質的に明確なもの、非情なもの、実体をむきだしにすることをきらうのであり、この感性の上にぼくらの芸術や美学が今日までうちたてられたのだ。のみならずこの日本的感性は福田恆存の考えによれば芸術や美学だけではなく、われわれの道徳や生活をも全く支配してきたのである。一言でいえば、人間と神や自然の対立と区別とを拒む汎神《はんしん》的感性なのである。そしてぼくらの美意識にもこの汎神的意識が執拗に残っているのだ。（二〇七）

一九六三年　「日本的感性の底にあるもの」

…西欧の美的感性の、（一）境界の区分意識、（二）対立性、（三）能動的という三つの特徴が、日本人としての私たちの感性に非常に不足していることを指摘したかった…。その代りに日本的感性は汎神《はんしん》的風土を母胎としてうみだされたものであるために、（一）個と全体との区分や境界を感じない、（二）したがって対立を要求しない、（三）受身的である、この

三つに還元されると思われるのだ。（三一〇）

一九六三年　「私とキリスト教」

基督教と相容れない日本人の感覚とは…大別すると神にたいする無感覚、罪にたいする無感覚、死にたいする無感覚と申し上げることができましょう…神に対する無関心さはもっとも東洋的な宇宙観や東洋的な汎神《はんしん》論から来ているようであり、日本人には長い間、ぬきがたいほど培われてきたものだと私には思われました。（三〇六）

小説家には小説家なりの言語が使用されていることを認知した上で、「汎神論」を神学的用語として説明する。汎神論（Pantheism）は、「万有神論」ともいわれ、宇宙全体がそのまま神であるという思想である。そこから、「天地万物の創造主である神」と「被造物である世界」との区別が見失われ、唯一神論のキリスト教世界では、汎神論は否定されてきた。近代ロマン主義において、シュライエルマッハー（一七六八〜一八三四）が宗教の本質は宇宙に対する絶対的依存感情だという宗教観を提示し、理性よりも感情や想像力が優位におかれた。また、隠喩的神学において自然世界は秘跡として、また神の象徴的な啓示として扱われた。イギリスの詩人ワーズワース（一七七〇～一八五〇）にとって「自然は、神の有機的一部であり、人格としての神の物的表現である[3]」。

こうした西洋神学・文学議論から捉えられる「汎神論」と、遠藤が語る「汎神性」を同質として捉えることは不可能である。キリスト者遠藤が語る「日本的汎神性」とは、汎神性を母体とした日本的感性のことであり、一般的な神学用語とは異なる。遠藤は和辻哲郎の『風土』を評価しつつ、汎神性の性格を挙げている[4]。それを要約すると、三点にまとめられる。

（1）受動的　一切の能動的姿勢を失っている。

（2）個即全　自然、宇宙、神々に吸収されることが唯一の欲望、あこがれである。

（3）非対立　神対人間、肉対霊といった対立精神の欠如、拒否の精神である。これは湿潤の美学である。

遠藤は一九五〇年、フランス留学中すでに自身が表現する「日本的汎神性《パンティスム》」を、「吸収へのあこがれ」「甘ったれ精神」「東洋的諦念」と批判的に分析している。それでも、「いかなる西欧の思潮といえども僕等の文学に移入される時には、まず形而下的には日本の社会的地盤によって屈折され、更に形而上的には日本の汎神的地盤によって溶解されてしまう[5]」ことは免れ得ないと断言している。

こうした第一段階のキリスト教の実生化における準備段階を経て、遠藤は一九六六年に『沈黙（日向の匂い）』を発表する。センセーショナルな作品として評価された『沈黙』において、「日本的汎神性」は、溶解力を持つ魔力として「毒草」「蜘蛛の巣」「泥沼」といったメタファーで表現され、「日本泥沼論」として提示される。[6]『沈黙』に登場する四人の主人公（キチジロ、フェレイラ、ロドリゴ、井上筑後守）はみな日本的汎神性に取り込まれた棄教者、いわば西洋キリスト教の視点からは、弱者、裏切り者、背教者である。彼等は、遠藤自身の内省から表出された主人公である。そして、遠藤はこのような弱者すべてをも包み愛してやまない神の遍在を、自然描写の中に表現した。そして終に「日本的汎神性」という、日本の精神的土壌において育まれた精神構造、それ自体をも抱擁する「母なるもの」として、積極的な神のイメージを提示した。

「母なるもの」とは、被造物に神の御業、神の息吹、神の臨在を感じるという遠藤自身の現体験だった。それは、日本人キリスト者の美意識において、雪を美しいと感じることが同時に、「聖い」「清い」と感じることでもあり、その感情は罪の浄化に通じる。遠藤は、『沈黙（日向の匂い）』において、「不気味な暗い海」に神の沈黙を感じ、「梅雨の雨」に神の恵みを感じ、「月の光」にイエスの愛を感じる。「光」は万人に注がれ、「白い光」というメタファーにおいて神の恩寵が働いていることが表現される。[7] したがって遠藤の使用する「汎神性《パンテイスム》」とは、「汎在神論（panentheism）」であり、また聖霊論（pneumatology）的であると解釈される。[8]

三　母性と神聖

遠藤が「母なるもの」として表現した神の概念は、日本的汎神性を背景とした思想であると同時に、遠藤個人が培った母の理想像であり、また厳しい政治的弾圧のもとに棄教を強いられた「かくれ切支丹[9]」に見られる日本の特殊な文化的背景をも考慮にいれた思想である。

遠藤の母、郁子（一八九五～一九五三）

「母と私」（一九六七）は、亡くなった自分の母について記したエッセイである。そこには、「非常に篤学心の強い人」「非常に勉強家」であったと、息子の目からみた母が記されている。また、「私にとって母というのは、単に尊敬すべき人というのではなく、もっとも人間らしい生き方をした人物」「私がこんな年齢になっても母を怖いとおもうのは、私が母を良心の一つの基準にしているからだろう」と述べている。

遠藤は、母郁子を父親から棄てられた女、女手一つで子供を育て上げた女と語る。また芸術家気質で、とことん物事を追求する厳しさをもち、常に子供に与えられた才能を信じて出来の悪い自分を変わらない愛をもって励まし、あるがままの姿を愛した。その無条件的な母の愛を「裏切った」自分をも受け入れてくれた母の姿勢は、遠藤の心に慈母のイメージを育んだ。それは、自らの弱さ（罪深さ）を謙虚に自覚する者に向けられる〈赦しの眼差し〉として、遠藤の文学に織り込まれる。

郁子は、遠藤が渡仏する際、「祈りの中で　別離もまた愛」という言葉を送っている。それは、自分から旅立っていく息子への言葉のみならず、裏切られた夫にもあてたメッセージであったと解釈される。そこには、愛とは徹頭徹尾、復讐ではなく「赦し」であるという、郁子の母親として、また女性としての愛、強い意思が刻まれていた。遠藤の初期の文学において母は清らかな影、至高なるもの、アガペー的な愛、救済者として理想化されている。[10]

かくれ切支丹の母、マリア観音

遠藤は、一九五〇年代頃から長崎を訪れて切支丹時代の研究を始めている。それは、長崎で偶然目にした、黒ずんだ足指の痕が残っていた一枚の「踏絵」との出会いから始まった。[11]日本におけるキリスト教の歴史は、かくれ切支丹に代表される苦難の歴史であり、彼等は西洋から輸入されたキリスト教が日本的キリスト教に和合（syncretismの積極的邦訳）されようが、頓着せずにその信仰を守りぬいた。この歴史的事実、また彼等の信仰を前に、遠藤はキリスト教が日本の地に実生化するために必要不可欠であったもの（基本）が何であったのか、日本人の精神構造、価値意識にどのような変化が起きたのかを問うている。カクレキリシタンは西洋の宣教学の視点からは、いわば裏切り者の子孫だ。彼等は日本の歴史における迫害時にキリスト教信徒であるがために様々な精神的・肉体的苦痛に会い、それに耐えられずに改宗し隠れてその信仰を守り伝えたかくれ切支丹の子孫だ。彼等は異教徒が崇める子安観音や子育て観音、鬼子母神を「母なるもの」として体験した。マリア観音はいわば日本的宗教多元性において重層化された、仏菩薩と聖母マリアの和合の思想である。

遠藤は、かくれ切支丹の裏切りの思想を、神学的洞察をもって文学に登場させる。遠藤は彼らの「裏切り」を自分自身の裏切りの経験と同質とみなす。遠藤自身の裏切りとは、病気のため戦争に参加していないこと、戦中・戦後に自身がキリスト教信徒であることを隠したこと、また母の愛を裏切ったことなど、個人的な背反の記憶に基づいた負い目、自己卑下の感覚である。この経験をかくれ切支丹の経験に重ね、「裏切り者」の視点を確立した。それは、裏切り者が必要としたのは裁く神ではなく、裏切った後も彼等を包み、痛みを分かち合ってくれる母だという確信となる。遠藤は、マリアの慈悲（恩寵）にすがるしかないかくれ切支丹が、いつしかマリア観音に母の絶対的な愛、赦し、抱擁の原理を求めたと考えた。「裏切り者」を赦し、愛する「母なるもの」のイメージの正当性を、かくれ切支丹の信仰対象であったマリア観音に見出した。[12]

四　遠藤文学の限界を超える思索――宗教言語としての「母なるもの」

遠藤周作が文学において提唱した「母なるもの」思想は、日本社会・文化へ多大なる影響を与えた。しかし、その評価は一様ではない。近年、遠藤周作の研究が進む中でその文学に描かれる女性論の研究もみられる。遠藤が、弱者（女性を含む）の苦悩や痛みに敏感に共感するフェミニストであったことはその文学が証する。しかし、遠藤の文学における女性論を、現代の西洋におけるフェミニズム論争（女性解放・母性神話解体）の枠内で議論し、批判されることに私は危惧を覚える。なぜならば、遠藤の思想は文化的、時代的、また個人的な体験という文脈《コンテクスト》において構成されたものだからであり、このことは先に述べたとおりである。従来の日本社会の枠組みにおいて、封建的男尊女卑観、良妻賢母主義、家父長制度がイデオロギーとして奨励された。そこでは男と女の社会的役割をキリスト教的に追認してしまうことは避けられず、キリスト教的に聖化され意味づけられてしまうこともあった。確かに、キリスト教は近代家族観(一夫一婦性)、純潔、母性幻想、といった啓蒙的役割を果たしてはきたが、それでも現代日本社会においてキリスト教を基盤とした倫理・道徳が一般の日本人の生活に深く浸透し、人間存在の意味・救済を追求している緊張した姿勢を見出すことはない。

問題提起の一例として、第一ステージに執筆された『私が・棄てた・女』(一九六四)の主人公、森田ミツを取り上げる。主人公の「女」(森田ミツ)は他人の悲しみや苦しみに無関心ではいられない愚鈍で善良な女性で、求めるものを慰め、癒し、救う。そして通俗的な愛、つまり男の性の奴隷となることにおいての献身的な愛、自己犠牲によって「救済」の役割を果たした。森田ミツの存在を形而下的発想(社会生活の次元)で視ると、そこには遠藤の無意識に存在するステレオタイプ的な女性観が反映されていることが指摘できる。ミツは、諦めることに慣れていて哀しそうな眼をした、ひっかかりやすい、ものにされやすい、田舎娘の事務員として描かれている。ミツの人生を概観すると、そこには弱者としての女性の痛み、苦しみ、抑圧の原因を文化的・社会的背景に追及する姿勢は見られず、女性解放の思想を見出すことはできない。現状維持・肯定の思考様式が公認される。排除、差別、侮辱によって忍従を強いられる存在を放置したり、女性の苦しみ、呻き、叫びが美化されたり、性が男性の名誉のための道具とされることが肯定されるような文学は批判されなければならない。

しかし、著者の文学的主題を形而上的世界（信仰の次元）に求めるのであれば、主人公の「女」に託された主題の意味を評価することができる。「愛」とは求め、苦しみ、拒絶されながらも身を低くして仕える（献身に徹する）という西洋中世的な愛の理想を「聖母」を原像とする「女」に託すことが可能となり、森田ミツの存在が「聖女」として回復される。聖母マリア同様に、人間としての悲惨な運命を背負う（積極的に引き受ける）ミツの存在は聖化される。さりげなく文中に挿入される「薄っぺらな小さい十字架」は、ミツが小さな財布から手渡した募金のお返しとして手渡された象徴である。ミツはそれをお守りとして大切に身につけるが、男はそれをすぐさま歩道橋の溝に捨ててしまう。捨てられる十字架には、俗世界において棄てられたイエスと他人の苦しみを共にし、蔑まれ、棄てられるミツの存在が重複（ダブルイメージ）する。このメタフォリカルな意味を理解してこそ、文中の底辺に流れ続ける詩の形而上的世界を理解することができる。

あの日に 棄てた あの女
今ごろ 何処で 生きてるか
今ごろ なにを しているか
知ったことでは ないけれど
時々 胸が 痛むのさ
あの日に 捨てた あの女

マリア灯籠

しかし現代日本社会において、遠藤の提示する形而上的世界の問題意識がいかに有効性を持ちうるか、その主題を深く追求する姿勢を備えた読者、またキリスト教神学の基盤を備えた読者が、はたしてどれだけ存在するだろうか。キリストの愛を基礎とした「仕え」「捧げる」という相互補完的構造、倫理・価値観を共有し認識するのは、ある一部限られた共同体においてでしかないのが今日も変わらぬ日本の大衆的社会状況である。

もう一つ指摘すべき点は、遠藤が第一ステージにおいて主人公を聖女、悪女に区別してその性格をきわだたせて語ることである。「女」は、西欧キリスト教伝統文化を踏襲する形でマリア的女性とエバ的女性といった女性の対比的な役割が典型化され提示される。それは、二元的対立的な規範（聖と俗、善と悪、光と闇、浄化と汚穢、無垢と堕落）を与え、善女と悪女という二元論的対立構造において表現される。[13]

このように、遠藤文学初期において表現される「女」という文化的・社会的枠組みにおいて描かれる女性像、西洋キリスト教伝統文化に基づいた女性観といった弱点・限界が克服されるのは、『沈黙』（一九六六）以後に展開される第二期の思想を待たねばならない。

ここまでの議論を考慮した上で、第一ステージにおいて遠藤が執拗に語る「日本的汎神世界」の意義を再び考えてみたい。遠藤の文学活動における宗教的主題を一貫して、キリスト教の実生化であると位置づけるならば、日本人キリスト教徒作家である遠藤にとって「神」の存在は決定的な真理、出発点だった。そこで問題となるのは「神」が「日本的汎神世界」でいかに啓示されるかであった。つまり、神々の世界に住む住人も、無意識に「聖なるもの」を希求している、という大前提が遠藤の文学には存在している。しかしそれは、西洋のキリスト教世界における唯一絶対なる一者（裁《さば》く神）ではないことを遠藤は体験的に（遠藤の「母」への裏切りから思慕という個人的体験、またかくれ切支丹の歴史への共感）自覚した。日本的汎神世界に生きる遠藤が求めるのは、無限な赦し、愛、そしてその大いなる働きに抱擁されたいという感覚であり、その世界に啓示された神はそれを赦す、裏切り者の痛みに寄り添い、共に生きる神であった。遠藤が提示する「母なるもの」は、日本的汎神世界における「直接経験」[14]に基づいた感覚、神秘的経験（unio mystica）から導き出された宗教言語であり、自らの体験において、自然の中に神の恩寵を視、神の息吹に触れ、抱擁される一体感を表現した言葉《メタファー》である。つまり、「母なるもの」とは聖なるものの体験が言語化されたヌミノーゼであり、この魂の領域においては、いかなるフェミニズムやジェンダー論も介入していなかったと理解できる。

おわりに

遠藤の初期の文学は、西洋と日本という二分法に始まった。それはキリスト教の「普遍性」を「特殊な場」において実生化させる試みであった。しかし遠藤は、西洋の文化や体験を模範とするのではなく、日本の文化において特殊性が開花することを証明した。日本的汎神性から展開した母なるものという思想は、その後の遠藤の文学全体を方向づける思想の要《かなめ》となる。

遠藤が日本人キリスト者に与えられた十字架として背負った「日本的汎神性」とそこに存在する「東洋的諦念」、「虚無的な感覚」の「怖ろしさ」は、「母なるもの」の思想によって抱擁され救済される。キリスト教の変化は常に信仰の枠組みにおいて一様ではなかったし、そもそもカトリックとは「普遍」を意味するので、日本的宗教多元性文化において還元されて言語化された「母なるもの」の思想は、地域・文化・民族・時代を超えたキリスト教の普遍的かつ本質的信仰を表現するメタファーとして、大いに評価されうるものと言えるだろう。

注

[1] 引用文の傍点は筆者の加筆である。なお、引用は『遠藤周作文学全集12巻』(新潮社)から抜粋した。

[2] 遠藤が一八歳の時に発表した論文「形而上学的神と宗教的神」『上智』第一号(一九四一年一二月)は没後発見されている。その中で遠藤は、信仰としての神、内から啓示を開く神は実感として訴えるものとして求められなければならないという。『遠藤周作文学全集14巻』所収。

[3] T.R.Wright *Theology and Literature*, Blackwell,1988: p.147 私訳、Nature, in other words, is an organic part of God, a physical expression of his personality.

[4] 「誕生日の夜の回想」一九五〇年、一〇六~七頁、「基督《きりすと》教と日本文学」一九五五年、二〇七頁、「日本的感性の底にあるもの」一九六三年、三〇二頁。『遠藤周作文学全集12巻』所収。

[5] 「誕生日の夜の回想」一九五〇年、一〇六頁。

[6] 『沈黙』一九六六年「日本人は人間とは全く隔離した神を考える能力をもっていない。日本人は人間を超えた存在を考える力ももっていない。…日本人は人間を美化したり拡張したものを神とよぶ。人間と同じ存在をもつものを神とよぶ。だがそれは教会の神ではない。…だから、布教の意味はなくなっていっ

た。たずさえてきた苗はこの日本とよぶ沼地でいつの間にか根も腐っていった。…」（一九三）

[7] 自然描写の中に象徴的な意味を思い浮かべるという象徴主義の文学活動はT・S・エリオット（一八八八〜一九六五）等によって英国で開花した。遠藤は、フランス留学中にこうした文学技法を学んでいる。しかし、西欧文学の自然描写そのままの形ではなく、日本人の自然観に実感される形にして自身の文学に取り込んでいる。「カトリック作家の問題」一九五四年。

[8] 長崎市外海町に立つ「沈黙の碑」（遠藤の墓碑に刻まれた言葉）が筆者の解釈を立証する。「沈黙の碑」人間がこんなに哀しいのに主よ、海があまりに碧いのです。遠藤周作。

[9] 遠藤の表記に従った。研究者の間では、一六四四年から一八七三年までの日本キリスト教信徒を、潜伏切支丹、かくれキリシタン、隠れキリシタンと表記している。また、現在もその信仰形態を受け継いでいる子孫を宮崎賢太郎氏の見解に従い、カクレキリシタンとカタカナで表記する。

[10] 『母なるもの』一九六九年、『遠藤周作文学全集8巻』所収「それ（母のイメージ）がどうして生まれたのか、今ではわかっている。そのイメージは、母が昔、持っていた「悲しみ《マーテル》の聖母《ドロロサ》」像の顔を重ね合わせているのだ。」（五一）

[11] 『帰郷』一九六四年、『遠藤周作文学全集7巻』所収、二一三頁。また、キリシタン研究の短編は、『火山』一九六〇年、『雲仙』一九六五年、『哀歌』一九六五年、「沈黙——踏絵が育てた想像」一九六七年、他を参照。毎年一度、踏絵は、奉行所の命令により宗門改めのため聖母マリアやキリストの像を踏む儀礼として行われた。この儀礼によって、公の場でキリスト教を否定し、信徒でないと表した。

[12] 「父の宗教・母の宗教」一九六七年、『母なるもの』一九六九年。「（納戸神は）キリストを抱いた聖母の絵——。いや、それは聖母を抱いた農夫の絵だった。……彼等もまた、この私と同じ思いだったのかという感慨が胸にこみあげてきた。……長い歳月の間に日本のかくれたちのなかでいつか身につかぬすべ

てのものを棄てさりもっとも日本の宗教の本質的なものである、母への思慕に変わってしまったのだ。」（五五）

［13］「聖書の中の女性たち」一九六〇年、「私が・棄てた・女」一九六四年、「父の宗教、母の宗教」一九六七年、「母なるもの」一九六九年、他。

［14］西田幾多郎『善の研究』岩波文庫、一九九九（五〇）年「豪も思慮分別を加えない、真に経験其儘の状態をいうのである。たとえば、色を見、音を聞く刹那、未だこれが外物の作用であるとか、我がこれを感じているとかいうような考えのないのみならず、この色、この音は何であるという判断すら加わらない前をいふのであるそれで、純粋経験は直接経験と同一である。自己の意識状態を直下に経験したとき、未だ主もなく客もない、知識とその対象が全く合一している。」（一三）

二十六聖人上陸の碑

コラム① 日本の宗教（汎神教・多神教・一神教）

宗教進化論という考え方があります。今ではあまり論じられませんが、人は発達するにつれて宗教についての考え方も洗練されていくという考えです。未開の人々は、神々が至る所に存在するという宗教観（汎神教）をもち、少し進化すると神々が多数存在する（多神教）と考え、そして最も文明が進化すると、人は唯一の神・全知全能の創造主を崇拝する（一神教）という考え方です。つまりアニミズム的な考えを持つ土着の信仰（古神道）よりもヒンドゥー教やギリシャのオリンポスの神々を信ずる人々、それよりもキリスト教が優勢という考え方です。しかし、今ではこうした宗教進化論を唱える学者はいません。というのも、宗教にはそれぞれの要素が少なからず存在しているからです。例えば、キリスト教は絶対の唯一神を信じる一神教ではありますが、神の啓示（遍在）を自然の中にも見る汎在神教的な要素があります。またキリスト教の神は「三位一体」であると説きますが父と子と聖霊が「三位にして一体」とは多神教的な要素を含む、としばしば指摘されます。

ところで、私はイランからの留学生が「日本人の宗教は幼稚だ。日本の教会はテニス・サークルね。」と言ったことが忘れられません。神社、仏閣、教会やモスクが共存する古都・京都で、日本の宗教の多様性に驚き感動したのも束の間、十字架のアクセサリーをつけて歩く女子学生たちに宗教のことを尋ねると、「無宗教だ」と笑って答えが返ってきたとか…。彼女自身にとっての「宗教」は自分がコミットする教え、生活を支える核なので、日本の女子学生たちの宗教に対する軽い考え、「不真面目」ともとれる態度に接してとてもショックだったようです。文化が存在するところには必ず宗教が存在すると認識してほしいと思います。日本人は「宗教」について無知・無関心という意味で「無宗教」という言葉を使ってしまいがちですが、これでは相手に対して配慮を欠くことになります。

では、宗教とは何でしょうか。キリスト教やイスラーム、仏教などの「創唱宗教（教祖がいる・経典がある・教団が存在する）」だけが宗教ではありません。日本文化の中で育まれ、自然に発生した宗教（古神道）も「自然宗教」です。生命の恵みに感謝する、「いただきます」「おかげさまで」という言霊、「もったいない」「ありがたし」という祈りに、宗教心が表出されます。いかなる宗教にもその根底にはスピリチュアリティ（霊性・豊かな精神性）が存在して、この霊性のもとで、宗教は一つ一つの個別の宗教として存立しているのです。西行法師（一一一八～九〇年）は伊勢を参拝した際に「何事のおはしますをば知らねどもかたじけなさに涙こぼるる」と詠みました。これは日本人の霊性、その豊かな宗教意識を的確に表していると思います。自然への畏敬、生かされていることに感謝する。そういった心、宗教的感性、スピリチュアリティを日本人は受け継いできたことを認識すると、そう簡単には、自分は無宗教だとは言えないでしょう。

〈日本の宗教〉の再考が必要ですね。

京都大原

第三章　聖書にたどる「実生化《みしょうか》」の玄義

一　実生化《みしょうか》

キリスト教が異文化に伝道される理想の形態（Inculturation）は、通常「文化内開花」「異文化内開花」もしくはそのまま「インカルチュレーション」と表記される。しかし私が、土着化、受肉化、託身化、でもなく「実生化」という用語にこだわるのは、聖書にその玄義を見出すことができるからである。キリスト教神学は、古代から中世、宗教改革期を経て近現代と、様々な文化において発展した。そこでは、神の摂理が歴史を導いている（支配する）という信仰が拘束的意義をはたしてきた。そこで私は、啓示によってのみ示される信仰の奥義（玄義）を、聖書の源流へ遡って物語的に提示し（narratology）人々の信仰表現の解釈に際しては、キリスト教図像学を応用する。

実生化の玄義

紀元前一二五〇年頃誕生した預言者モーセは、イスラエルの民をエジプトからカナンの地へ導く。その途上で神から十戒を授かり神との契約が交わされた。そこで神は御自身を「わたし

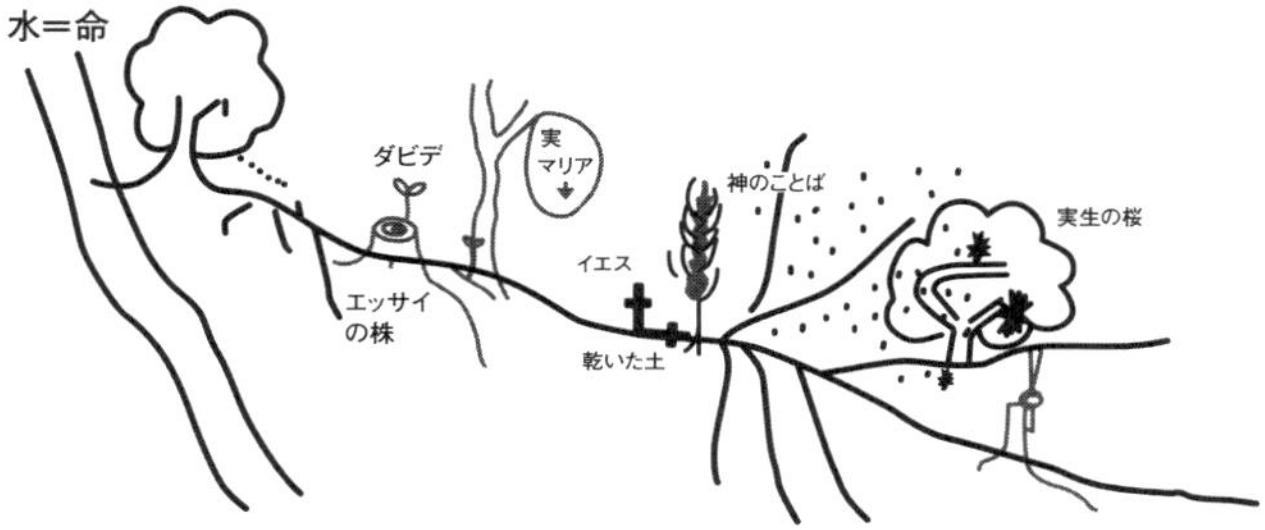

聖書にたどる実生化の玄義

はある、わたしはあるという者だ」（出エジプト記三章一四節）と語られた。[1]つまり神は実存者として人々と共にあることが提示された。そして、カナンの地へと導かれたイスラエルの民は古代イスラエル王国を築き、平和な繁栄の時が与えられる。サウル、ダビデ、ソロモン三代王のうち、ダビデ王（紀元前九九四年）が歌った詩が旧約聖書の詩篇に収められている。そこでは、水（流れ）は「命」の象徴、木は「人」として解釈される。

a. 旧約聖書の物語から

詩編（賛美）

一章一～三節　いかに幸いなことか。…主の教えを愛し、その教えを昼も夜も口ずさむ人。その人は流れのほとりに植えられた木。ときが巡り来れば実を結び葉もしおれることがない。その人のすることはすべて、繁栄をもたらす。
九七章一一節（神は）神に従う人のためには光を　心のまっすぐな人のためには喜びを種蒔いてくださる。

約三百年間存続した古代イスラエル王国の栄華は、北と南の分裂、そして滅亡の歴史をたどる。こうした中、紀元前七〇〇年ころ南王国に登場する預言者イザヤは、来たるべきイスラエルの栄光を預言する。以下、聖書物語りの補足説明を（　）内に記す。

イザヤ書（預言）一一章［平和の王］
一〜一〇節　エッサイ（アブラハムの子孫）の株（切られた人々）から一つの芽（ダビデ）が萌えいでその根からひとつの若枝が育ちその上に主の霊（聖霊）がとどまる。…その日が来ればエッサイの根はすべての民の旗印として立てられ国々はそれを求めて集う。そのとどまるところは栄光に輝く。（↓マタイによる福音書一章に続く物語）
四章［エルサレムの将来の栄光］
二節　その日には、イスラエルの生き残った者にとって主の若枝（ダビデの血を継ぐもの）

は麗しさとなり、栄光となる。この地の結んだ実（マリア）は誇りとなり、輝きとなる。

七章［インマヌエルの預言］

一四節　それゆえ、わたしの主が御自らあなたたちにしるしを与えられる。見よ、おとめが身ごもって、男の子を産みその名をインマヌエル（神われらとともに）と呼ぶ。

（マリアが身ごもり、「肉によればダビデの末」を出産する。↓マタイによる福音書一章二三節、幼子は「ヤハウェは救い主」を意味するヨシュア（イエス）と名付けられる）

北王国滅亡後（紀元前七二一年）、南王国も滅亡する（紀元前五八七年）。イスラエルの民はバビロンに捕囚され、その後イスラエルの大地は、バビロニア、ペルシャ、ギリシャ、ローマの支配下におかれる。その間、人々にとって、預言者の言葉が生きる糧となる。

四一章一〇節　恐れることはない、わたしはあなたと共にいる神。たじろぐな、わたしはあなたの神。勢いを与えてあなたを助けわたしの救いの右手であなたを支える。

四三章四節　わたしの目にあなたは価高く、貴くわたしはあなたを愛し（ている。）…

五節　恐れるな、わたしはあなたと共にいる。

約五〇年間バビロンに捕囚されていたイスラエルの民は、紀元前五三八年にペルシャ王キュロスにより、ようやく故郷に帰還することを赦される。預言者イザヤは、キリスト（救い主）の生涯を民に伝えた。

五三章［苦難の僕］

二節以下　乾いた地に埋もれた根から生え出た若枝のようにこの人は主の前に育った。見るべき面影はなく輝かしい風格も、好ましい容姿もない。彼は軽蔑され、人々に見捨てられ多くの痛みを負い、病を知っている。彼はわたしたちに顔を隠しわたしたちは彼を軽蔑し、無視していた。彼が担ったのはわたしたちの病彼が負ったのはわたしたちの痛みであったのに私たちは思っていた。神の手にかかり、打たれたから彼は苦しんでいるのだ、と。彼が刺し貫かれたのはわたしたちの背きのためであり彼が打ち砕かれたのはわたしたちのとがのためであった。彼の受けた懲らしめによって私たちに平和が与えられ彼の受けた傷によって、わたしたちはいやされた。…

ローマの支配下にあったイスラエルにイエスが誕生するのは、紀元前四年である。しかし、イスラエルの民はイエスを「メシア」として歓待することはなかった。イエスが伝道を開始したのは三〇代に入ってからのおよそ三年間足らずだった。イエスは紀元後三〇年に受難の後、十字架につけられ（磔刑）、死んで葬られる。

イエスの死後、弟子たちによって、イエスの復活と栄光・贖罪の思想が成立する。「新約」の要《かなめ》は、イエスの死によって人々は神に赦され罪から救済されたという思想であり、イエスを救世主（キリスト）として新しい契約を結ぶことにある。イエスの教えは、「良い知らせ」（福音・Good News）として弟子たちによって述べ伝えられた。福音伝道・宣教の始まりである。そして、キリスト教徒は、イエスの死によって救いが成就したと信じる希望の信仰をもつ人々として信仰の共同体（エクレシア・教会）を形成する。

生前のイエスが語った言葉は、弟子たちの手によって、新約聖書に書きとめられた。

b. 新約聖書の物語から

ヨハネによる福音書　一二章二四節　一粒の麦は、地に落ちて死ななければ、一粒のままである。だが、死ねば多くの実を結ぶ。（イエス自身の言葉、復活＝希望）

マルコによる福音書　四章一節～「種を蒔く人」のたとえ

一四節　種を蒔く人は、神の御言葉を蒔く（福音伝道）のである。

四～七節　ある種は道端に落ち、鳥が来て食べてしまった。ほかの種は、石だらけで土の少ない所に落ち、そこは土が浅いのですぐ芽を出した。しかし、日が昇ると焼けて、根がないために枯れてしまった。ほかの種は茨の中に落ちた。すると茨が伸びて覆いふさいだので、実を結ばなかった。

二〇節　良い土地に蒔かれたものとは、御言葉を聞いて受け入れる人たちであり、ある者は三十倍、ある者は六十倍、ある者は百倍の実を結ぶのである。（種は福音、大地は人々の心〔土の器〕の象徴）

三〇～三二節　神の国を何にたとえようか。どのようなたとえで示そうか。それは、からし種のようなものである。土に蒔くときには、地上のどんな種よりも小さいが、蒔くと、成長してどんな野菜よりも大きくなり、葉の陰に空の鳥が巣を作れるほど大きな枝を張る。

このように、福音伝道（種まき）は、二千年程前からすでに始まっていると物語られる。イエス（一粒の麦）の死後、弟子たちは世界中に派遣されてイエスの教え（麦）を蒔いた。その教えは二千年の歴史を持った運動体となり、それぞれの文化で多様な実態をとった。キリスト教の「実生化」において大切なことは、それぞれの文化に種蒔かれたキリストの教えの核が豊かに実を結び、花を咲かせることに携わっていくことだ。

大地性

さて、二千年前に蒔かれた種（キリスト教）は、世界伝道を経て日本の大地のどこに根差そうとして、どのような実を結ぶのか。こうした問いに、実生化の「大地性」の意義が問われる。鈴木大拙は『日本的霊性』の中で「大地性」について言及している。[2] 生命《いのち》は大地から生まれ、根は大地に下ろさねばならない。また、生命が死ねば大地に帰る。大地は、限りない愛をもち、包容力があり、何事をも赦してくれる母性的な存在、母である。人は、大地を通じて、宗教意識が呼び起こされ、天の恵みを感じることができると語られる。以上の鈴木大拙の言及を受けて聖書の物語を再解釈してみたい。

a. 旧約聖書の物語から

創世記一章

一節　初めに、神は天地を創造された。

七節　主なる神は、土（アダマ）の塵で人（アダム）を形づくり、その鼻に命の息を吹き入れられた。人はこうして生きる者となった。

神は「大地の塵」で、ご自分に「かたどって」（似姿 Imago Dei）人を造り「命の息」（pneuma）を吹き込むことで生命を誕生させた。であるから、聖書で「人」は「土の器」として象徴的に語られる[3]。人と大地は切り離すことができない。鈴木大拙は「大地と自分とは一つのものである。大地の底は、自分の存在の底である。大地は自分である[4]」と述べている。彼はキリスト教に言及していないので、その影響を語ることは控えるが、彼の言葉から学ぶことは大きい。

鈴木大拙の種を育む「大地」という隠喩（メタファー）には二つの解釈が同時に認められる。一つは「土壌・文化」としての大地性、そしてもう一つは「土の器の人」としての大地性である。世界伝道を受けて、キリスト教の教え（種）が世界各地に蒔かれた。特定の大地（土壌・文化）に生を受けたひとりの人間は、「土の器としての人」として、種を育むという責任を担う。

つまり一人ひとりが大地である。その大地における実生化とは、その土壌・文化に生きる人（土の器）において、キリストの教えがどのように芽生え、成長し、実が結ばれるかといった問題として解釈される。それは、個人的な形での実生化である。表層的には「日本的」「中国的」「韓国的」といった固有の生活環境・文化における霊性（求道性）という形態を取り、そこで成長した花はそれぞれ異なった実を結ぶだろう。こうした日本的キリスト教、中国的キリスト教、韓国的キリスト教という特殊性は、至極当然な結果であり尊重されなくてはならない。

さらにもう一点、キリスト教の実生化を考える際に重要なのは、大地性という隠喩《メタファー》の解釈には、人（土の器）の中に永遠性が存在するということである。つまり、人（土の器）の本質は神によって生命が吹き込まれて創造された、というキリスト教神学における普遍的な真理が共通認識として存在しているということだ。表層で異なる形をとっていても、根っこにおいて普遍的な神につながっているという確固たる信仰に根ざしているがゆえに[5]、それぞれの花が結んだ実が異なっていようとも受容され得る。つまり人は、深層（本質）において繋がっているからこそ大地に深く根ざすことが可能であり、そうした信仰を掘り下げていくことで他者と繋がって生きることの大切さが求められる。ここからキリスト教的な楽観的共生（ともいき）の思想が導かれ、こうした解釈の上で、大地性、人間性、霊性は普遍的であり、個人（土の器）

における実生化は実践的な課題（平和活動など）へと移行することが可能となる。

接ぎ木性

「大地性」とは、特定の土壌であり文化であるとともに、そこに根を張る人（土の器）であること、そしてその基盤は普遍的に神の愛・慈しみであり、イエスの普遍的な愛の教えであることが確認された。その上で「接ぎ木性」という問題を考える。それはキリスト教と文化という構造の中に「救済」の問題を取り扱うことになる。

a．旧約聖書の物語から

箴言一二章

三節　神に逆らえば、固く立つことはできない。神に従う人の根は揺らぐことがない。

一二節　神に従う人の根は実りを与える。

b．新約聖書の物語から

ヨハネによる福音書一五章

一節　わたしはまことのぶどうの木、わたしの父は農夫である。
五節　わたしはぶどうの木、あなた方はその枝である。人がわたしにつながっており、わたしもその人につながっていれば、その人は豊かに実を結ぶ。

一般に「接ぎ木」とは、人為的に台木に穂木《ほぎ》を接着して一つの個体を育成する技術のことを言う。この概念を、日本近代におけるキリスト教受容の類型の一つとして応用し提示したのは武田清子（一九一七〜）である。武田は、R・ニーバーの『キリストと文化』（一九五一）における類型化を発展させ、日本人のキリスト教受容の諸形態（土着化）を、（一）埋没型（妥協の埋没）、（二）孤立型（非妥協の孤立）、（三）対決型、（四）接木型・土着型（対決を底にひめつつ融合的に定着）、（五）背教型、という五つの類型を提示した。[6] 武田の意味する「土着化」とは、「『福音』が日本人の精神的土壌に根を下ろすこと、日本人の精神構造の内心部に浸透し、そのパン種的、内発的革新力となって精神構造を内側から新しくしてゆく価値観、エネルギー、生命力となること」[7]であり、その点は私も深く同意する。

しかしながらR・ニーバーや武田清子が提示する諸類型では、文化（人）とキリスト教が対峙的に考察されている観が否めない。[8] 台木が文化に譬えられ、穂木がキリスト教、キリスト教が台木に接がれるという構図である。台木つまり文化が悪樹であり、穂樹つまりキリスト教が善樹であるならば、文化と宗教が対峙した構図になる。この構図からは、福音伝道とは悪しき文化に善きキリスト教を接ぐことにより善い実を結ばせることが目的とされる。武田は、(四)接木型において、内村鑑三のキリスト教を例示する。内村のキリスト教は「武士道に接木したキリスト教」つまり、日本的精神（武士道）を台木にキリスト教を接ぎ木して開花させたものということになる。

実際、山桜の木にしだれ桜を接ぎ木した枝からは、しだれ桜が開花する。ジャガイモの枝にトマトを接ぎ木すると、枝にはトマトの実がなる。つまり、武士道（台木）にキリストの教えが接ぎ木されてキリストの花が咲いても、武士道の精神は実らない。それでは、神道という台木（文化）にキリスト教を穂木（宗教）として、また、仏教を台木にキリスト教を穂木としてキリスト教の花を咲かせようが文化のエッセンスは伝授されないという議論になり、文化と宗教はいつまでたっても対峙構造をとり、宗教と文化が交わることはない。

接木説に欠如しているのは、大地とその地下に存在する根についての考察である。先例の山桜の話には続きがある。山桜の木に接ぎ木されたしだれ桜の枝からは、しだれ桜が開花した。しかし数年後、しだれ桜の新芽はすべて虫にくわれ、新しい芽が発芽することもなく、枝は腐ってしまった。その後、地表に出た根から芽が出て、その芽は枝となり、開花したのは山桜であった。この桜は「実生《みしょう》の桜」である。自然の摂理が示唆することは、接ぎ木されたもの以上に力強く芽を出し、実を結ぶのは、大地に根を張った実生《みしょう》の桜であるということである。[9]

キリスト教の実生化《みしょうか》において、文化と宗教（キリスト教）は対峙しない。実生化の神学において、接ぎ木説は成立しない。重要なのは、その「文化」に与えられた特定の価値であり意義である。文化は神の恵みの内にあり、福音により発展を遂げる。歴史を貫く神の慈しみは、すべての大地に等しく備えられ、神の救いはいかなる被造物にも普遍的に与えられている。一粒の麦（イエス）が地に落ちた時から、人々は救いの上に、それぞれの文化の内に生きることが赦された。メタノイア（悔い改め）とは「方向を変える」という意味である。神の赦しがあるから、人々は新しい方向「希望」へ向かう。キリスト教の実生化とは、現代の日本に生きる者が、日本のキリスト教を再考する際に求められる姿勢である。「福音伝道」に対する姿勢は、種まき以上に、その大地に根を張り、芽生え、成長し、実った信仰に関与していくことである。そして信仰は「刈入れ」、つまり他者と共にある希望、実践へと導かれる。

二　キリスト教と日本文化

新約聖書の物語から

ローマ信徒への手紙一一章

一六節　麦の初穂が聖なるものであれば、練り粉全体もそうであり、根が聖なるものであれば、枝もそうです。

一七節　しかし、ある枝が折り取られ、野生のオリーブであるあなたが、その代りに接木され、根から豊かな養分を受けるようになったからといって、折り取られた枝に対して誇ってはなりません。誇ったところで、あなたが根を支えているのではなく、根があなたを支えているのです。（根は神の慈しみ、厳しさを提示する）

マルコによる福音書八章三四節

わたしの後に従いたい者は、自分を捨て、自分の十字架を背負って、わたしに従いなさい。

日本のキリスト教信徒は人口の〇・一パーセントに満たないことは周知の事実だ。しかし、この数値をもってキリスト教の宣教が失敗したと考えることは間違っている。真の宗教は数や形をもって推し量るものではない（エレミア書五章一節）。日本文化において、キリスト教の精神は、病院や教育、奉仕の場においてしっかり根付き成長している。私は、日本に実生化したキリスト教を研究し、積極的に評価していきたいと考える。それは、草花（日本におけるキリスト教の実生化）にとって大切なことが、何時、誰が種を持ってきたかではなく、水をやり手入れをして花を咲かせるのが誰かということだからである。

次章で、日本の大地に蒔かれた種がどのように根を張り、成長し、実をつけたかという実例を日本の隠れ切支丹とその子孫であるカクレキリシタンを例に挙げて考察する。隠れ切支丹とは、キリスト教が弾圧された時代（一七世紀〜）に殉教せず、隠れて「生きること」を選択した人々のことである。彼らは、およそ二五〇年の迫害期を生き延び、自らのおかれた過酷な状況においてプラグマティックな信仰を作り上げた。しかし彼等が受け継いだ「信仰のかたち」は、宣教師によって「異端」の刻印を押されてしまう。その後もカクレキリシタンは、先祖の信仰、信仰形態を約四五〇年の間、継承した。その信仰と実践は、日本文化の特殊性（汎・多神教的風土）

を積極的に認め、肯定し、キリスト教の教えを選択的に受容しつつ、実生化させたキリスト教信仰の好例として再評価されると私は考えている。

注

［1］新共同訳聖書を使用する。引用内（ ）は筆者による補注。

［2］鈴木大拙『日本的霊性』岩波文庫二〇〇二（一九七二）年、四三～五〇頁。

［3］イザヤ書四五章九節、コリント人への第二の手紙四章七節。

［4］鈴木大拙、前掲書四七頁。

［5］コロサイ人への手紙二章七節。

［6］武田清子『土着と背教』新教出版一九六七年五頁。背教型については、「キリスト教を捨て、あるいは教会に背き、いわゆる背教者となること、あるいは、そのことによって逆説的にキリスト教の生命の定着を求める」型としているが、それ以上詳しくは述べられていない。

［7］武田清子、前掲書iii頁。

［8］Mase-Hasegawa Emi, *Christ in Japanese Culture - Theological Themes in Shusaku Endo's Literary Works-* (Brill) 2008: 3-6.

［9］「キリスト教の実生化」という概念を一九九九年にご教示くださったのは、京都洛西教会の杉野栄牧師である。この実例は、洛西教会の庭の桜の木の話である。

コラム② 日本の宗教（日本とキリスト教の出会いⅠ）

京都市右京区太秦《うずまさ》には一神教（景教）と関係の深い神社仏閣が現存します。

景教はキリスト教のネストリウス派です。景教は六三五年に長安に伝来し、大秦景教と呼ばれて多くの信徒を得ました。ネストリウスはコンスタンチノープルの司教でしたが四三一年に司教の座を追われ、異端宣告を受けてエジプトで客死しています。景教の特色は、次の点が挙げられます。

*マリアを「神の母」としない（キリストの神性に反対して人性を強調）
*十字架とそれ以外のイコンを用いる
*死者のための祈りを捧げる
*聖餐式においてキリストの霊在のみを主張する
*僧位の八階級を厳守する
*法王の妻帯、断食、菜食を推奨する
*聖書、祈祷、讃歌はシリア語が原則

唐の時代の中国は、都に「大秦寺」（キリスト教寺院）が建設され景教が流布し、七八一年には景浄によって世界最古の碑文の一つ「大秦景教流行中國碑」が建設されています。しかし、八四四年に異教禁制が発布されてキリスト教も禁止されました。

大秦景教流行中國碑

京都の太秦は、景教を信仰していた秦《はた》民族を中心に栄えた地です。秦民族とは朝鮮に逃れた秦の始皇帝の子孫で、その後日本に渡ってきた渡来人です。雄略天皇の時勢四七一年頃に弓月王《ゆんすのきみ》帰化の秦酒公《はたのさけきみ》が一万八千六七九人を伴って太秦に居留し、後に秦人二万五千人以上が帰化したといいます。聖徳太子に仕えた有力人物の一人である秦河勝《はたのかわかつ》は、推古天皇から譲り受けた百済の弥勒菩薩を蜂岡寺（太秦寺、現在の広隆寺）に奉り、現在も寺の境内には秦氏を祀る社が存在します。大酒（大辟）神社は、秦の始皇帝、弓月王、秦酒公を御祭神として祀っています。秦酒公は養蚕技術を伝え、養蚕業を営み、朝廷に絹綿を納めることによって、日本文明に多大なる貢献をなした人物です。献上した際、絹綿が「うずたかくつまれた」ことから、太秦を「うずまさ」と読むという説もあります。ちなみに「機織《はたお》り」は秦氏に由来しています。

また、秦氏の建立した太秦寺（広隆寺）は、唐の都のキリスト教寺院「大秦寺」と非常に似ているそうです。「大秦」というのはローマ時代のシリア地方の事です。秦氏一族が、景教を日本に伝えたという史実から、京の都は産業のみならず宗教面でも多大なる渡来文化の影響を受けていたということになります。その後、日本から中国にわたった遣唐使や空海（七七四〜八三五年）も、長安において景教の教えと接触を持ったことでしょう。神仏習合を掲げる高野山に「大秦景教流行中國碑」のレプリカが設置されていることも理解できます。

日本文化とキリスト教の交流は一六世紀よりもずっと以前に、すでに始まっていたと考えられますね。

第四章　日本におけるキリスト教の受容と理解——根獅子キリシタン

はじめに

従来のキリシタン研究において、キリシタン時代は、宣教に関する政治・経済活動と、宣教師やキリシタン大名などの思想と行動の解明が中心とされてきた。本章では、宣教の「受容者における信仰世界」に焦点を当てる。それによって、これまでのキリシタン時代研究を過去のものとして留めおかず、現在にも引き継がれている重要問題として考察したい。

キリスト教の実生化を研究テーマとする場合、日本の思想・文化・伝統を継承する者が、西洋の思想・文化・伝統の根幹にあるキリスト教の「何を」学び受け継いできたかという省察が焦眉の課題となる。この課題をめぐる最大の問いは、キリスト教が日本人にとって一体何であったか、あるいは何であるのかということである。「八百万の神々」という言葉が現在でも力強く息づいている日本文化において「神」は神々の一柱でしかなかった、あるいはないのであろうか。神道で生まれ、キリスト教で結婚式を挙げ、仏教で葬式を挙げて死んでいくことに何の抵抗も示さない日本人一般を前に、国内外の神学研究者は首を傾げて「宗教」概念の根本的な理解の差に抵抗を示す[1]。この問題の所在は、私たちが従来の権威的な西欧的神学思考法にとらわれているからではないか。

そこで本章では、その思考法から解放されることを目的に、日本に実生化したキリスト教の特徴が見られる根獅子のカクレキリシタンを事例として考察する。また、その受容の形態、宗教経験を再考することにより、一神教と多神教という二者択一的な議論の枠組みを打破し、神学（宗教学）と宗教哲学の接点を見出したい。

一　キリスト教と日本

台頭期（一五四九年―一六三九年）

一五四九年、イエズス会のフランシスコ・ザビエルが九州に来着し布教を始めることによって、日本にキリスト教が導入される。政権を握る豊臣秀吉はキリスト教を許容し、当時のキリスト教徒の数は一四万人ともいわれ、「キリシタン時代」として特徴付けられた[2]。しかし秀吉は突如一五八七年に宣教師を追放する「伴天連追放令」を発布した。その後、徳川家康が将軍になるとキリシタン迫害の傾向がきびしくなり、一六一四年江戸幕府により「慶長禁令」が発行されてキリスト教弾圧、キリシタン迫害がはじまる。教会は破壊され、宣教師は国外に追放され、日本人のキリスト教徒は無慈悲に拷問を受けた。一六三九年日本は鎖国政策をとる。

潜伏期（一六四四年―一八七三年）

キリシタンの潜伏期は、国内における最後の司祭小西マンショが殉教した年からはじまる[3]。鎖国体制が布かれ、宣教師との接触が一切断たれた後のキリシタンらは、隠れて信仰を守ることを選択する。それ故に、彼らは「隠れキリシタン」とも「かくれ切支丹」とも呼ばれる。宮崎賢太郎はこれを「潜伏キリシタン」と呼ぶことで時代の区別を図る。一八五四年、開国を機に外国人司祭によって教会堂の建設が許可される。およそ二五〇年にわたる潜伏期は終わり、自らの信仰を公に現すことが可能となり一八七三年明治政府によって、キリシタン禁教令が廃止されると長きに及んだキリスト教迫害は終結する。

復活期（一八七八年―現代）

以後、キリシタンらは信仰の自由を獲得し得たかのようだった。しかし、迫害期を逃れ信仰を守り伝え続けた結果、その信仰は日本の土着の宗教と神道と仏教との極端な混合信仰になっていた。皮肉にもそれを厳しく否定したのは、彼らが長い歳月の間再来を待ちこがれていた宣教師だった。宣教師らは、キリシタンの信仰・教義はまったく異質なもの「異端」と見なした。キリシタンの間でおこなわれてきた洗礼も正当性がないとして認めなかった。宣教師の直面した問題は、日本人キリシタンを正統《オーソドックス》なキリスト教に改宗させること、つまり再教育（復活させる）することだった。宣教師たちはキリシタンに再度、宣教をはじめ、再びカトリック信者としての洗礼を施すことを目的とした。キリシタンの中にはカトリックに改宗する者と、それを拒否する者との二つのグループに分かれた。今日、我々が知る「カクレキリシタン」とはこの宣教活動に従順に従うことを拒否した人々であり、その後も先祖が守り伝え続けた信仰を尊び、カトリック教会に加わらないことを選択した共同体の子孫のことである。「今を生きるカクレキリシタン」とはいわば西洋の視点からは「離れ」とよばれた「背教者の子孫たち」「異端もの」である。従来のキリシタン研究において、彼らは「かくれキリシタン」（片岡弥吉）、「隠れキリシタン」（五野井隆史）、「かくれ切支丹」（遠藤周作）など、様々な表記が見られるが、本著では、彼らは今や「隠れ」てもいなければ「切支丹」でもないという現状から、ただ音のみを示すカタカナ表記の使用を推奨する宮崎賢太郎の見解に従う。[4]

二　日本文化と宗教

実生化とシンクレティズム再考

一七世紀に強調された宣教の方針、つまり「教会の拡大と発展のための西洋文化の押しつけ」は一九六二年〜六五年の第二バチカン公会議において訂正された。[5] しかし、日本では未だ「宣教」という語にキリスト教の押し売りというイメージは払拭されない。宣教師といえば外国からきた「白人」の「男性」のイメージが定着している。

従来、宣教師たちの「福音を述べ伝える」という宣教活動には「宣教する側」の視点がつきまとい、「宣教の視点」と「受容者の視点」が二項対立の関係を形成し、宣教師側が giver で日本人は receiver という「上から与える福音」と「下から受け取る文化」という対比構図が存在した。そこには宣教される側、つまり受容者の積極的受容という側面は軽んじられてきた。このように明治以降、宣教師によって移植されたキリスト教は、文明開化の啓蒙的役割と信仰の重要性が強調されはしたものの、日本文化とその宗教意識、深層心理にまで触れることはなかった。

実生化は「伝道の視点と受容者の視点」「西洋と日本人」「giver と receiver」「宣教師と日本人」

という相対する構図を超え、脱構築（deconstruction）へと向かわせる。つまり福音と文化が補完的なものであるべきだという視点を提供し、各地の社会的・文化的なコンテクストで「受容する側」から新しく問い直すという認識の必要性を提供する。一神教（キリスト教）を受容した民衆にとって、自らは被支配者でも自らの文化・伝統を否定した転向者でもない。むしろ、自国の文化・文脈内においていくつかの宗教の特徴を適応した形で受容している。宗教伝道では、これは「文脈化神学」（Contextual Theology）と切り放すことができない。日本のキリシタンらは、その文脈内において、神学の自己理解がなされ、信仰告白の表現をとっていたと考えるべきである。そこには実生化にともなう無意識に重層化される信仰、シンクレティズムのもつ新しい展開の重要性が模索される。

シンクレティズムは、習合、折衷、混淆、多重、多層など、多義的に、しかも一般的には否定的な意味において使用されている。しかし、シンフォニーやシンクロナイズという言葉にも共通して使われるシン（syn）という語幹は、一致（together）を示す言葉であり、そこに否定的な要素はない。交響曲（シンフォニー）においては、各パートがそれぞれ違う音を奏でて一つの音楽を創り出す「共同体」をも意味する。つまり宗教におけるシンクレティズムとは、各宗教、各宗派の役割の住み分けがなされながら、非体系的に調和されている状態をあらわす。この意味でシンクレティズムを和合、多重信仰、重層信仰として積極的に再考することで、日本人の信仰世界に新たに活動的な価値を見出すことができる。

三　今を生きるカクレキリシタン

信仰の形（根獅子の事例）

根獅子《ねしこ》は長崎県の平戸島の西岸に位置する小さな漁港である。昭和五二年に平戸大橋が開通、平成三年には生月《いきつき》大橋も開通し、平戸島、生月島へは陸路でいくことが可能になった。フランシスコ・ザビエルがこれらの島々で布教を始めたのは、今から四五〇年以上も前の一五五〇年である。同じ長崎県下でも、生月と根獅子のキリシタン信仰は著しく異なる。[6] 一六一四年の慶長禁令発布によりキリシタン発覚をおそれた人々は外部との関係を絶ち、閉鎖的・排他的な村を保った。それは生き残るための自衛された社会状態を物語る。ここでは平成四年三月に解散した根獅子のカクレキリシタンの里を事例として紹介する。[7] 解散しても信仰がその年に無くなったわけではなく、個人的にその信仰を守り続けている人々がいる。根獅子町では、古来より松山、中番、美野、崎という四つの地区に分かれ、その区長の中から惣代が選出される。現在、根獅子には一九四戸の家族が住んでいる。[8] 根獅子の村人は、カクレキリシタン信仰を継承すると同時に八幡神社の氏子であり、仏教徒（村の二軒が創価学会、四五軒が真言宗、残りが曹洞宗）である。[9] カクレキリシタンの洗礼を受け、その信仰を大切にしている川上茂次氏に初めてお会いした際に氏の信仰について尋ねると、返事は「仏教徒です」という一言だった。根獅子の家には八幡神社をまつる神棚と仏壇、里には牛神、金比羅、恵比寿、お稲荷さんなどの神々が祀られている。里には「バンダンテ」（三界万霊様）という過去、現在、未来の霊魂を祀る塔が建てられており、葬儀は仏式で野辺の送りがおこなわれる（桶にあぐらをかいた形で入れて土葬する）。根獅子の信仰は仏教や神道、その他の民族宗教と和合（シンクレティズム）し普遍的なカトリックの信仰とは異なる民俗信仰に変容している。

次に、根獅子の里の信仰をA．政教一体の信仰、B．祭儀中心の信仰、C．聖人・物神中心の信仰、D．霊魂（アニマ）中心の信仰という四点に絞って考察し、日本文化の特殊性を反映しつつキリスト教を実生化させたその信仰の形に触れたい。

A．政教一体の信仰

根獅子のキリシタンたちは、明治六年に信仰の自由が確認された後も、誰一人としてカトリックに改宗する者はいなかった（彼らの間では、カトリックに改宗することを「復活する」という。また、復活した人々からは、彼らは「離れ」と蔑《さげす》まれる）。

カクレキリシタンというのは、研究者が一括りに呼ぶ名称である。根獅子では「納戸神」「転び」「カクレキリシタン」など、研究者の間で合意を得ている呼び名は存在しない。あえていえば、彼らの信仰は「里の信仰」「辻の神様信仰」「辻本様」と呼ばれる。それは信仰の最高責任者である辻家にちなむ。「辻」という姓が十字架を表現しているところから本家となったという説が有力であり、代々世襲される辻家にご神体が祀られて村の信仰の中心となっている。何が、どこに祀れているのかは隠されており、長男以外はだれも知らない。噂では、隠されているご神体は、「ザビエル様のベレー帽」とも、「マント」とも、「メダイ」とも、「お札」とも言われている。

彼らの生き延びるための結束は、生活すべての面において互助関係を生み、信仰と自治が合わさって政教一体という政策を育んだ。それを拒む者は村八分の目に遭い「交際遠慮」というかたちがとられた。村人は辻家に年間一万五千円の信仰費をおさめ、カクレの行事に関わる費用は町費から拠出された。宮崎賢太郎によると、町費で宗教行事が維持されていたケースは長崎県下でも根獅子だけであり、「カクレの信仰がいかにこの町において、人々の日常生活に密着していたかを物語る」[10]。

辻本様（辻家）の下には七名の水役が設けられ、その役目は満期十六年である。根獅子では年間約四〇回の行事があり、水役がほとんどの行事を司る（辻の役をはたす）。村人に子供が産まれると洗礼（名付け）を授ける。年末、年始は特に忙しく、根獅子の里約一五〇軒の家一軒一軒を廻り、聖水をかけて家祓いをする。人々は水役が来ることを、今か、今かと正座をして待っていたという。ただし水役は、仏教式で執り行われる葬式には参加できない。根獅子で死者が出ると、その日にカクレの読経がなされる。そして死者の胸に、開くと十字の形になる糸紡ぎ（カセグリ）をのせて口の中におマブリ（お守り）を入れる。おマブリは白い紙を二センチくらいの十字に切って、正月に聖水をかけたものである。その後、寺の僧侶が呼ばれて葬儀が行われる。水役は葬儀の後、死者の家の祓いをまかされた。

急速に近代化する中で村は過疎化し、若者たちは都市に出る。水役に与えられる厳しい戒律や役割、封建的で閉鎖的束縛は後継者を見つけるのが困難になり、解散時の水役は四人だった。村で役目を断るということは、同時に信仰をやめるということであり、後継者問題は信仰の存続を不可能にする最大原因の一つだ。それでも、解散後も水役の一人の松山忠則氏は水役に与えられた主要な行事を行い続けて信仰を守り続けている。

B．祭儀中心の信仰

「辻の神様信仰」は水役による祭儀が生活の中核となっている。水役の唱えるおがみごと（オラショ）は七通りある。それらは祭儀によって使い分けられている。正月の家祓い、名づけ、神々を呼び集める祈祷、田植え後の虫祈祷、五穀豊穣の祈祷、豊作のお礼の祈り、新築や新船の御祓い、葬式、病気の御祓い等である。根獅子のおがみごとは決して声に出して唱えられることはない。両手を着物の袖の中に入れて、繰り返しモゾモゾと唱えられる。時に、外部からの疑いを避けるため、雑談が挿入される。その際、何回おがみごとがなされたか忘れないために、数えている指は着物の袖の中に隠している。最後に、へその前に親指でクロスをつくり「あーめんジュ」という。語尾の「ジュ」に何か意味があるのかと問うと、「たぶん、十字架のジュだ」との答えが返ってきた。祭儀は、まず御神酒、生魚（刺身）をお供えし、おがみごとを唱え、お下がりをいただいて会食をするという三段階である。水役が特に大切に扱っているのは、聖水をいれるお水瓶である。これは絶対に他人に見せてはいけない。中の聖水は、大晦日の夜、湧水源に汲みにいく。聖水を汲みにいくところを人に見られたら、儀式ははじめからやり直しである。村人は、その時間帯には家から出ないように言いつけられていたという。一滴、一滴、小瓶に保管された聖水は、一年間大切に使われる。

祭儀には様々なタブーがあり、男性による祭儀独占の伝統が守られている。夫婦別室にはじまり、食事制限など、できる限りの不浄を避けなければならない。大人は男をあらわし、儀式にも女性の参加は認められていない。女性は産み、育て、守るという家庭における諸活動に従事し、現在もその伝統は役割分担として守られている。

C. 聖人・物神中心の信仰

里の信仰の対象は「おろくにん様」を中心に、彼らが住んでいた屋敷、その周りの湧き水、森、処刑された岩等であり、それらは物神化し「聖なるもの」として尊ばれている。

おろくにん様―里の指導者、妻、三人の娘と、その子ども一人の一家六人の殉教者。一五六六年、「我々の一家以外の里人はキリシタンではない」と、里人をかばい、根獅子の浜の小岩で里人千人の身代わりとなって処刑され

瀧山直視氏（水役）とお水瓶と筆者

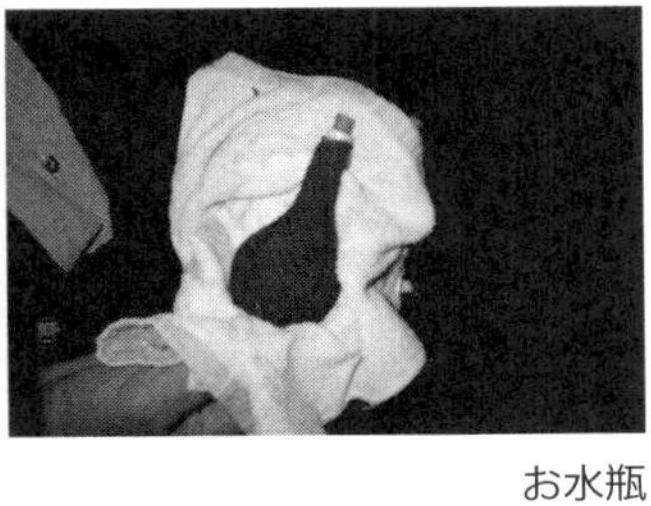

お水瓶

た。その亡骸は「うしゃきの森」に葬られる。

昇天石―おろくにん様が処刑された岩。

牛脇様―おろくにん様を葬った石の祠。

うしゃきの森―千人塚ともよばれる聖地。この範囲の田畑には不浄を避けて肥しをまくことはなかった。その森を通過する際は履物を脱ぎ、頭の上のタオルを取り、頭を下げ、「恐れながら、ああ尊い」と祈りながら通る。また、この森の樹木は伐採されることはない。子どもたちも、この森では遊ばない。森で悪さをすると足が腫れる等の祟りがあると信じられている。

キリシタン資料館―昭和五六年、「うしゃきの森」を背にする海岸沿いに霊魂を慰める場として建設された。そこには、踏絵、マリア観音像、禁教令高札、祭具、メダリオン等が展示されている。

キリシタン寺（跡地）―おろくにん様が住んでいた屋敷。

聖水の湧水源―大晦日の夜、キリシタン寺の約五〇メートル東側に位置する山に水役が聖水を汲みにいく。お水瓶の中に蓄

うしゃきの森

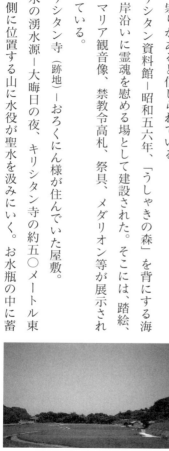

えられた聖水は一年間、大切に使用される。
お水瓶－聖水が保管される小瓶。
ニコバ－聖なる山。里人が亡くなると、この山の方角に向かって埋葬された。お墓には
四九日まで丸い石をお供えする。

D. 霊魂（アニマ）中心の信仰

「根獅子の里の信仰」に生きる人々が特に重要視しているのが「穢れ」「禁忌」「祟り」という感情である。聖なる土地、物に対するタブーの数々がそれを語る。

訪問時にもしばしば、説話・伝承として語り継がれているタブーの例が紹介された。また、水役の瀧山直視氏と松山忠則氏から、水役がどのように「穢れ」を避けるかを伺った。

- 洗礼を施す一週間前後は、妻と交わってはならない。
- ご聖水を取りにいく前後一週間は、家族とは別に一人で寝なくてはならない。
- ご聖水を取りにいく直前（大晦日の夜）に、井戸の真水で体を浄める。
- 浄めた体は拭かぬまま、白い手織りの着物を着てお水取りに行く。
- 人に見られると穢れがつくので、お水取りは誰にも見られてはいけない。

●聖水の入った小瓶は、だれにも見られないように保管する。
また、信者の川上茂次は、子どもの頃から「うしゃきの森で遊ぶと祟りにあう」と言われたがそのいいつけを守らずに森の木に登って遊んでいたら「風がふき」足が痛くなったという。その他にも数々のタブーの例は宮崎賢太郎によって調査されており、実例が紹介されている。宮崎はそこでカクレキリシタンの信仰の根底は「祟り信仰」であると結論づけている。[11]

「根獅子の里の信仰の形」に関する考察

事例として取り上げた、現代を生きるカクレキリシタン信仰の形は、様々な問題を提起している。前述A.「政教一体の信仰」において注目したいのは、生活と信仰が密接な関係を持っているということである。根獅子では「惣」という単位が現在も使われている。これは一一、二世紀頃から神社祭祀の形態として成立した「惣社」を起源とする。惣社（総社）とは国内に存在する諸々の神社の祭神を一か所に勧請したものだ。農村では、神社を中心に新しい形態の共同体が生まれ「惣村」と呼ばれた。惣代が町費を徴収してカクレの祭事が執行されていたというのは、平和に取り行われていた「祭政一致」の日本の伝統が背景にある。敗戦後、日本はGHQ草案を受け入れ、アメリカ式の政教分離を採った。しかし本来の「特定の宗派教団が公権力の行使に関わってはならない」という意味は失われ、日本では「宗教を政治から排除する」という形で理解されてしまった。その結果、社会から宗教（宗教教育）が追放されてしまったという現状がある。政教分離を今一度、日本の伝統と照らし合わせて再考することで宗教の社会的役割、価値を見直すべきだ。

前述B.「祭儀中心の信仰」で注目したい点の一つは祭儀の型、もう一つは、その祭儀において守られる男性中心の形式である。様々な宗教的儀礼は、原型が創られた後は、ほとんど基本構造を変えずにその修行の体系が受け継がれる。根獅子のカクレキリシタンの祭儀は基本的にお供え、祈願、そしてお下がりをいただいて祝祭をするという三段階である。この儀礼進行が神道行事と構造的に同じであることは見逃すことができない[12]。彼らの信仰は祭儀中心で、終末思想や最終審判、永遠の魂、救いの必要性などキリスト教神学的な諸要素は語られず、それを信仰する姿勢すら見られない。第二に、祭儀は男性中心で執行され、血は「穢れ」とみなされ出産や生理を伴う女性が厭われる。こちらにも神道と仏教の影響が強く見られる。穢れは「禊」をして祓われる。この男性中心主義的な発想に関しては、ポストフェミニズムの議論、つまり宗教の中には構造化された女に対する暴力が伴うという批判があるが、これがカクレキリシタン信仰に当てはまるかどうかについては疑問が残る。というのはカクレキリシタンの組織には、男尊女卑や儒教的良妻賢母主義という概念なしに、それぞれが役割分担を守ることで、外部の眼を欺くという策略が根本にあったように見受けられるからである。村では「ててなし子」という言葉が最近まで存在しており、誰の子であろうが村の子という心で、女性たちは子を守り、育てた。このように女性たちは村の存続を守るかけがえのない存在だった。

前述C.「聖人・物神中心の信仰」に関しては、次の点に注目すべきだ。カトリック教会では生涯を神に仕え神の意志に従った人は、ローマ教皇によって公式に聖人の称号が与えられ信仰の対象とされる。根獅子の里で殉教したおろくにん様という六人が聖人として崇められることは、正当化されよう。また、根獅子の切支丹資料館に展示されているマリア観音から、キリシタンが聖母マリアを観音に見たてて仏壇に隠し、崇めていたことがうかがわれる。そして、物置きに隠された祭壇（納戸神）には、聖画、お水瓶、おまぶり、メダイ、オテンペンシャ（縄）等がご神体として秘蔵されていた。司祭亡き後も、彼らが教義の付随物として持ち込んだ品々は残り、残った物品がキリシタンの間で「物神化」された。彼らはまるで仏像を拝むように、それらの品々を大切に崇めている。宣教師は偶像崇拝を禁じたはずであるが、その教えは司祭がいなくなった時点で変容し、消滅している。

さいごに前述D.「霊魂（アニマ）中心の信仰」を特徴として挙げた。C.とも関係が深いが辻家が隠し祀っているご神体、聖水の入った小瓶、メダイをはじめ、数々の聖なる場所（自然）に宗教的感情を抱く最大の理由は、物、場所、万物に「霊魂《アニマ》」（生命）が宿っていると考えるからである。先祖が代々伝えてきた宗教遺物に、親しみ以上の感情を持ち、遺物自体を祀り、尊ぶ。それらを粗末に扱うことは、祟りをも招くと考える。「ご先祖様に申し訳ない」という感情は先祖祭祀の宗教表現であり、数々のタブーと祟りが説話・伝承として継承されている背景には、霊魂《アニマ》イズム、即ちアニミズムに近い信仰と自然観が存在する。

四　一神教 vs. 多神教の枠組みを超える

従来のキリスト教宣教活動のパラダイムでは、まず教会論、それからキリスト論、そして人間論という「神論・教会中心主義」が正統とされた。しかし、根獅子のカクレキリシタン信仰には、聖書も教会も存在せず、「神」という概念、あるいは「神の国」という概念も皆無に等しい。従来の体系化された西欧の伝統神学を正統とする視点から見れば、彼らは「キリスト教徒」でも「隠れて」もいないので、根獅子の里信仰は異端であり、キリスト教学の観点からすれば、「カクレキリシタンの信仰」は研究の価値がないのかもしれない。

しかし、日本人のキリスト教研究者がキリスト教の実生化を研究テーマとする際は、まず西欧の神学体系を脱構築し、「信仰」つまり人間の救済・解放が独自の文化においてどのように表現されてきたかということを学ぶ必要がある。つまり、前述のA.～D.で考察した事項を特殊な事例として捉えてはならない。従来の西洋的な宣教学の間違いは、キリスト教（イエス）の教えが二〇〇〇年前から不変に存在していて、それをそのまま宣教するという使命感を持ったところにある。キリスト教も一つの宗教という運動体であり、信仰は土着の文化と時代に適応して変化し、ダイナミックに変容し、受容される。したがって、シンクレティズムの流れを事実として真摯に受けとめることから出発しなくてはならない。

根獅子の里の信仰に生きる人々との出会いから、彼らが「神の存在」を、父でもなく、イエスでもなく、奥義として、また神秘として捉えていることに気づかされた。つまり神は、一神教のアブラハム・イサク・ヤコブの神、イエスキリストの神でもなければ、哲学者や知者の神でもない。それは先祖の霊であり、自分を包み込んでくれる何か偉大なるもの、働き、気《け》であり、人為を超えた営みである。あれこれと考える対象ではなく、自分を存在せしめてくれるものに対する、生かされていることに対する「感謝」の素直な信仰心である。それは「霊性」、スピリチュアリティという、万人の心底にある宗教意識の発露であり宗教体験それ自体を表わす心でもある。

ややら視点を変えて「祟り信仰」をみると、祟りには報復や神罰という感情がつきまとう。しかし、根獅子の里の信仰に生きる彼らには、そのような感情はない。「おろくにん様は恨みを残して死に、その怨霊が祟る」などとはだれも考えていない。説話・伝承、タブーを通して伝えられるのは、おろくにん様や、聖なる場所（自然）に対する「畏敬の念」である。「おーそーれーなーがーらー」「あーとうとー」という、「畏れながら」「尊い」という信仰心が「粗末にするな」「大事にしなさい」という戒律・戒告として伝えられ、それが数々のタブーを生み出したとも考えられる。前述のキリシタン信仰を守り続ける川上茂次は、初めてバチカンを訪問した際に、涙がこぼれて仕方がなかったと言う。大いなるものへの志向、実存的な神への帰依、敬虔とも見られるアニマに対するこれらの宗教感情は、宗教体験それ自体ともいわれるべきものであり、さらなる神学的、文化論的考察が必要である。

日本にキリスト教が宣教される前の宗教的要素として、「神」は、八百万の神、神々であり、「神仏」つまり神と仏が習合し共存し混在するもの、「霊的な実在」であった。人々は、どちらか一方を拝むのではなく、どちらをも、神仏と認識し両手を合わせて拝んだ。その多神教的、八百万的、汎神論的文化の中に実生化されたキリスト教の神は、父・子という人格的側面を主張せず、「聖霊の働き」霊顕《ひあら》として日本的な情緒の世界の中で変質し、無（ケノーシス）、聖霊信仰化して、その存在意義を発揮したと考えられる。ちなみに、「根獅子の里の信仰」は、あらゆる創造の中における神の霊の活動的な臨在を受け継ぎ、それを戒め、戒律として伝承してきた。これは先述した根獅子のカクレキリシタンの信仰に聖書も教会も存在せず、神の概念、救い主イエス信仰も皆無に等しいという考察からも実証される。

あらゆる宗教の根源は奥義、神秘である。自然に対する畏敬と驚異の念、そして何より「生かされているいのち」に対する畏敬、感謝の念であろう。それが彼らに信仰心を保持させる。人間を超越した力、聖霊に対する畏怖の念を、「今を生きるキリシタン」たちは「畏れおおい」と表現することによって、現代に語り継いでいる。

開国後、根獅子の里の祖先は「我々が本当のキリシタンであって宣教師は亜流だ」といって改宗を拒んだという。それは三〇〇年の間、耐えてきた信仰の重みとプライドによる。その子孫には「背教者の子孫」という意識は全くみられない。「おろくにん様が、代わりに死んで下さった御陰で今がある」「生きることが信仰であり、信仰が生きることであった」という川上茂次の言葉を忘れることができない。「辻の神様信仰」とは、祖先が命に代えて守り育んだ里人の生き方であり、いのちの証の軌跡でもある。それは伝承によって、信仰として認識され、守られてきた。信仰とは受け継がれていくものであった。祖先から自分、さらに子孫へと強い絆で結ばれ、過去、現在、未来において信仰は共有された。

根獅子のカクレキリシタンの村が解散し、日本のキリシタンの歴史が解体していくさまを目前にし遅まきながら彼らから学んだことは、欧米の観念的な伝統神学を脱してキリスト教の本質を問い直すこと、父（神）と子（人間）と聖霊（自然）の三位一体の神学を「実生の神学」として再構築していくことだ。

おわりに——現代キリシタンの意義

従来のキリスト教の宣教方針が根本的に見直されている現在、日本のカクレキリシタンたちの歴史が発信する課題は多い。日本のキリスト教史は、異文化との出会い、拒絶、受容、変容、混淆、重層化の歴史である。日本人の宗教観の根底にあるものをそのまま維持し、一神教をも積極的に受容したのがカクレキリシタンの信仰である。

今回の訪問（研究調査）によって、当初抱いていた「隠れキリシタン」「かくれ切支丹」という信仰の歴史やイメージ、つまり「烈しい弾圧下、約四〇〇年にわたって潜伏し、仏教を隠れ蓑としてキリスト教の信仰をかたく今日まで守り続けてきた人々」という私的な想念が、実は虚像にすぎないことを実感した。カクレキリシタン信仰とは、一神教がその土地に実生化する過程において仏教や神道、その他の民族宗教と和合し、民俗信仰に変容した、いわば汎在神教ともいえる信仰であった。その信仰を継承する原動力は、先祖への想いである。彼らの信仰の歴史は、傷み、悲しみ、苦しみの道であり、信仰の形だけでも絶やさずに後世へ伝えていくことが子孫の務めであるという信念にある。

解散後の根獅子のカクレキリシタンらは、その後「復活」するわけでなく、以前と変わらない生活をつづけている。それは信仰を失ったことを意味しない。今まで通り、日常生活の基盤は神道と仏教にある。八百万の神々を慕い、仏を拝み、先祖を大切にする。その上で、個人的にカクレキリシタンでありつづけている。根獅子では解散後の平成一一年度から毎年、八月一四日に、カトリック教会と里人たちが一緒に殉教者「おろくにんさま」が眠る「うしゃきの森」で野外ミサをおこなっている。毎年、約八〇〇人の関係者が集まるという。また、平成一四年度には、キリシタン寺跡地の丘の下にルルドのマリア像が建立された。解散という形をとっても、彼らは独自の方法で神の栄光を賞賛し続けている。今を生きるキリシタンたちに聖霊の働きを見ることは、間違っていないだろう。それが彼らのキリスト教受容の形態であり、宗教体験である。彼らは「神の中に生き、動き、かつ存在している（使徒言行録一七章二八節）」。

日本の「多神教的風土」が他宗教に対して「寛容」であり、それは「共生」の思想に基づくと議論される。しかし、日本の宗教史上、一向宗弾圧、廃仏毀釈、キリシタン弾圧、国家神道などのいずれからも、寛容論は再考されなくてはならない。宗教は、いずれも根本において排他性を伴うものであり、ましてやそれが政治に利用されると「異種なるもの」、あるいは「同化されないもの」は常に弾圧されてきた。今や世界の至るところで、経済至上主義の名のもとに都市化が進み、独自の文化、伝統が破壊されている。このような状況下で犠牲となるのは、いつも「弱者」だ。解体し、消えゆくキリシタンたちは、結局、土着化に成功しなかったのだからキリスト教の実生化の研究対象として不適切だという批判もあり得よう。しかし、その出会いから衰退までの過程には、四〇〇年以上の歴史が存在し、その文化の中には新鮮な「風」が吹き込まれている。ちなみに、私が滞在した北欧では原住民（サーメ）が国家の補助金を受けることで、いきいきと彼らの伝統的な言語、信仰の形、文化、習慣を保持し、彼らの政権を確保して生活している。一方四〇〇年以上、守り伝えられてきた日本のカクレキリシタンの歴史は、いま終焉を迎えようとしている。この終焉を警鐘として真摯に受け止め、日本人、及び日本国家による先住民の侵略、差別、同化主義、文化的統一の構造と重ねることによって、「一即多」、もしくは「一即八百万《やおよろず》」という枠組みにおいて、父（神）と子（人間）と聖霊（自然）の三位一体の神学を「実生の神学」として再構築することでこれまで注意されずにきた、異質を認めない立場の「宣教」の諸問題が、さらに究明されていかなくてはならない。

注

[1]「宗教」という限定的な概念について問題追求している文献として、島薗進、鶴岡賀雄編『〈宗教〉再考』ペリカン社、二〇〇四年を参照。

[2] 一六〇六年には七五万人のキリシタンが存在したと報告されている。セルクイラ司教は長崎を「極東のローマ」と絶賛したと伝えられている。Neil S. Fujita, Japan's Encounter with Christianity (New York: Paulist Press, 1991), p.9.

[3] この時代区分については宮崎の見解に従った。宮崎賢太郎著②『カクレキリシタン』長崎新聞新書、二〇〇二年、一八～二六頁。

[4] 宮崎、前掲書②二一頁。

[5] 一九六三年に教皇パウロ六世が発表した『現代憲章』のインカルチュレーションの定義：「文化の福音化。福音宣教にとって大切なことは文化をただ薄い布でおおいかぶせるような装飾的にではなく、その根源にまで達するように、深く、福音化しなければなりません」。『福音宣教』東京、カトリック中央協議会一九六三年。(『現代憲章』五三頁)

[6] 長崎県下におけるカクレキリシタンの組織のうち、平戸、根獅子、外海の三つの組織のカクレキリシタンの方々から話をきく機会を持ち、それぞれの組織が異なる性格を有していることを学んだ。

[7] 二〇〇四年十月に平戸島、生月島を訪問し、その後の調査には川上茂次氏（一九五〇年五月二七日生）に御協力いただいた。川上氏自身、当時水役であった父方の祖父から誕生後の正月にカクレキリシタンとしての洗礼（名付け）を授かっている。

[8] 平戸市役所中部出張所取扱「行政区別人口統計」平成十八年度のデータより。

[9] 多くのキリシタン研究では「表向きは」「仏教を隠れ蓑として」という常套句が使われる。しかし宮崎賢太郎はこれを厳しく批判する。潜伏キリシタンたちにとって神仏信仰もキリシタン信仰もどちらも大変大切な信仰要素であったと宮崎は考える。調査後、私も同様の考えを持つ。

[10] 宮崎、前掲書②一五四頁。

[11] 宮崎①『カクレキリシタンの信仰世界』東京大学出版会、一九九六年、二二一頁。

[12] 宮崎賢太郎は、同じ結論を得ている。「行事はすべて一定の形式に従っておこなわれる。一．祈願、二．直会、三．宴会、の三部から構成され、神道行事の構造とまったく同じである。カクレが意図的に神道的形式を取り込んだのか、それとも時を経て自然に日本的儀礼のスタイルに同化していったのかは定かではないが、結果的にカクレの行事はキリスト教や仏教よりも神道の形式に近く、その姿は民俗的神道の一種であるとみなすことができる。」宮崎、前掲書②九八～一〇一頁。

第五章　日本におけるキリスト教の受容と理解——茨木カクレキリシタン

はじめに

フランシスコ・ザビエル（一五〇六〜五二）が福音宣教の使者として鹿児島に上陸してから約一〇年後、キリスト教は織田信長の保護のもとで信徒を増やした。キリシタン大名、高山右近の父である沢《さわ》城主高山飛騨守は高槻城下で聖堂や病院、学校（セミナリオ）を建設して貧者、孤児、未亡人の救済活動を行って信仰豊かな土地を広げた。しかし秀吉の伴天連追放令（一五八七）、秀忠の禁教令（一六一二）によってキリシタンは弾圧を受ける。信仰を守り殉教する者が聖人として崇められる一方で、隠れて信仰を守り続ける人々が存在した。彼等は「潜伏・隠れキリシタン」となった。

初めて私が「茨木キリシタンの里」を訪れたのは一九九九年のことである。故橋本滋男（同志社大学教授）と数名の学生と一緒だった。天然の寒天発祥の地だと教えられた記憶が残っている。約一〇年ぶりに訪問したが、道は舗装されてカフェも建ち、奥まった山中は大分開発されていた。それでもバスは一時間に一本のみでタクシーは走っていない。キリシタンの信仰を「隠れて」守り続けた人々の子孫が、現在もこの茨木で先祖キリシタンの遺品を守り続けている。私が「遺物」ではなく「遺品」という言葉を使うのは、彼らが単にモノを守るのではなく先祖の心、信仰の品を守っていると解釈するからである。

一　茨木キリシタンの里を訪ねて

茨木市立キリシタン遺物史料館

　昭和六二年（一九八七）、地元千提寺地区から土地の提供を受けた茨木市が史料館を開設し、同年九月に「キリシタン遺物史料館」として開館した。現在は茨木市の遺物保存会から委託管理を受け、東家の東満理亜、中谷家の中谷早苗が資料館を守っている。

　千提寺が世にキリシタン末裔の集落だと認知されるに至ったのは、大正八年二月（一九一九）郷土史家、藤波大超《ふじなみだいちょう》が山林（通称クルス山）の中腹で「キリシタン墓碑」を発見したことに始まる。その墓碑には「千」（「二支十字」と呼ばれる十字架）と刻まれ、「慶長一八年四月」と彫られていた。このことから、千提寺周辺がキリシタン末裔の集落であったことが証明され

右から東満理亜さん、中谷早苗さん、杉野栄牧師、筆者と娘

て後に信者の形跡が発見された。大正一五年（一九二六）四月に、ローマ教皇庁の特使がこの地を訪ね、最後の隠れキリシタンである中谷ミワ（一八三七〜一九二五）、中谷イト（一八三九〜一九二六）、東イマ（一八三七〜一九二五）三名を訪問している。その時の写真が資料館に大切に保管されている。

東家

東家は代々農家であり、城主高山飛騨守に米を納めていたことが出納帳に記されている。東家最後の隠れキリシタン、イマの長男、藤次郎（一八六二〜一九四二）は、先祖代々絶対に開けてはならないという言いつけで屋根裏の梁《はり》にくくりつけてあったと伝わる「開けずの櫃《ひつ》」（10.5cm×82.0cm）の開封を説得した。藤次郎には子どもがなかったため、中谷家の養子となった藤次郎の弟、栄次郎の娘のユタ（一九〇一〜八五）が東家の養女となった。北摂キリシタン遺物保存会長、東藤嗣（一九一九〜九八）はユタの息子である。

大正九年（一九二〇）、東家の「開けずの櫃」が開けられ、その中から数々のキリシタン遺品が発見された。郷土史家藤波大超の研究は、藤嗣の協力のもとで進められた。これらの遺品は

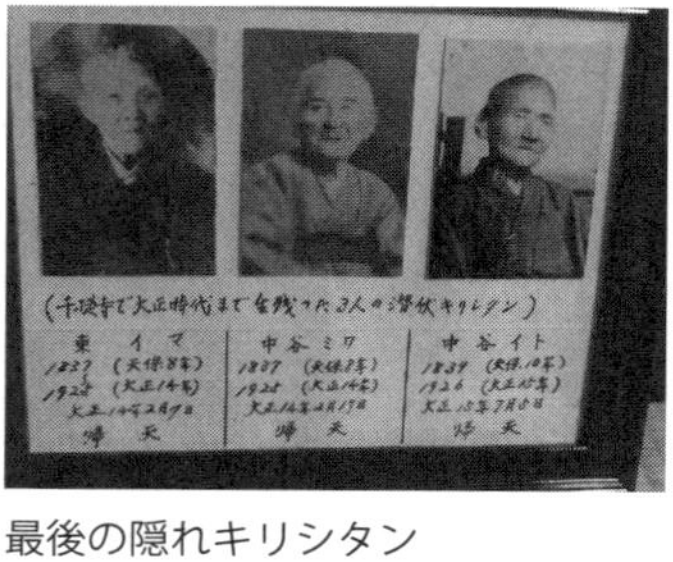

最後の隠れキリシタン

資料館に展示されている。
現在の当主は藤嗣の息子久嗣（一九四九～）と妻の満理亜（一九四九～）である。

中谷家

茨木市立「キリシタン遺物資料館」から車で竹やぶの道を五分ほど下っていくと、最後の潜伏キリシタンとして、ローマ教皇使節の訪問を受けた中谷イトの直系子孫〔中谷イト→源之介（一八六四～一九四五）→文太郎（一八八三～一九六六）→清（一九一五～九四）→孝（一九四三～現在）〕である中谷孝宅に辿り着く。孝氏を訪問して、自宅に保管されている数々の「遺品」を見せて頂きながら話をきいた。

イトは藤波大超にこのように語っていたという。イトの父、吉左エ門は熱心なキリシタンで毎年春燕がやってくると必ず四十八日間の行に入り、食事を二食にして毎日風呂に入って身体を清め「お縄にかかる」と言って苦行鞭（59.5cm）で左肩を何回も叩きながらお祈りをした。行がすむと鶏卵と猪肉で精進落としをした。子供が生まれると仏様（イエスとマリヤ）に水を供えて中指に紙を巻

苦行鞭（ジシピリナ）

いて筒形にして供えた水に浸して子供の額に捺した（洗礼の儀式）。また、毎年寒が明くと仏様に餅を供えて信者が寄り合って仏様のある家を一軒ずつ拝みに廻った。七日目には村人が集まりお祈りを共にした後、ご馳走を食べる。人が死ぬとお祈りを五十八回唱えた。この五八回の祈りは、ロザリオの名残のようである（天使祝詞五〇回、主祷文五回に最初の三つの天使祝詞を加えると五八回になる）。

高槻藩では毎年正月に村民を庄屋宅又は寺院に集めて宗門改めが行われた。初代キリシタン奉行・井上築後守が在任中には下音羽でも多数のキリシタンが捕らえられている。

見せていただいた数々の遺品の中でも特に印象に残っているのが、聖母子画像（32.5㎝×23.6㎝）である。黒塗りの小厨子に納められた銅板の上に油絵具で幼きイエズスを抱いた聖母マリア（瑪利亞）が描かれている。聖母マリアの手の部分が、白く磨かれたように照っている。人々が祈りながら御手を触っていたのであろうか、彼らの信仰が偲ばれる。近年、画像の裏から祈祷文と思われる紙の一部分が発見されている。また、ヨーロッパ製の「聖堂のキリスト磔刑十字架（12.1㎝×7.8㎝）」が柱に埋め込まれていたという。

聖母半身像（厨子入）

最後の潜伏キリシタンであったイトを最後に、中谷家では「信仰」という形でのキリシタン継承はない。孝氏自身も教会へ行ったことはなく、法事等は禅宗で行っていると話された。しかし、数々の「遺品」は自宅で大切に保管されており、拝見の申し出があれば快く見せてくださる。氏の話の中で印象に残っているのは、これらは「預かりもの」だという言葉である。「預かりもの」とは、信仰という形ではないが、先祖から受け継いできた「魂」を大切に継承していくという決意の象徴だと感じられた。もともとこういった「遺品」に興味もなく、信仰というものもないのですが、と氏は語りながらも一つ一つの品々を丁寧に説明してくださった。

聖フランシスコ・ザビエル図像

教科書にも載っているので、日本人の多くが一度は目にしたことがある図像《イコン》であるが、これが千提寺の東家から一九二〇年九月二六日に発見されたということを知る者は少ない。一六二三年頃、狩野派の人によって描かれたこの画像は現在、神戸市立南蛮美術館に所蔵されており、昭和三〇年（一九五五）に重要美術品に指定された（後に重要文化財）。

聖フランシスコ図像にはＩＨＳ（イエズス会の紋章）、十字架のキリスト上にはＩＮＲＩ（ユダヤ人の王ナザレのイエズス）と記されている。聖ザビエルの顔の特徴トンスラ（頭）、格幅のよい

聖フランシスコ・ザビエル画像

体格、マントを羽織った衣裳は一六世紀のカトリック諸国で典型化された聖ザビエルの図像である。典型的な図像である。死を目前にした聖ザビエルは、天国へと導く天使を見つめている。その表情は穏やかである。殉教者は、地上での迫害により肉体的な苦しみを受けるが、霊は天国に迎えられることを目前にすることで歓喜に包まれる。聖ザビエルの口から発せられた言葉には、「SATIS EST」（主よ、充分です）と書かれている。

十字架を胸に抱き天を仰ぐという図像は、アッシジの聖フランチェスコ像に特有な図像であるが、このザビエル図像は、「燃える心臓」に「十字架を抱き」天使（天）を法悦的な視線で見つめている。一般的なザビエルの図像は神の愛を覚えて、その熱さのあまり胸元の衣服を掴み開く動作だが、この図像の「燃える心臓」は、聖ザビエルの信仰表現だと解釈される。東家から発見されたこのザビエル図像は西欧の宗教的図像のいくつかの版図を組み合わせて描かれた、日本的な図像である。

聖母十五玄義図

二幅の図像は、千提寺地区から発見された「遺品」である。一幅は、一九三〇年四月三〇日に下音羽の原田辰次郎家の母屋に棟木と組み合わせてある檜楚に括り付けてあった筒の中にほぼ完全な形で保存され発見された（原田本）。現在は京都大学総合博物館に所蔵されている。もう一幅は先述した東家の「開けずの櫃」に隠された遺品で、聖母マリアと上部の苦しみの玄義が剥離した形で発見された（東本）。

これらは「聖母十五玄義図」と呼ばれ、中央上段には無原罪の聖母マリアと幼子イエスが描かれている。聖母は白い椿の花を手にし、幼子イエスは左手に球を持ち、右手は祝福の形をとっている。西洋の聖母画像はバラを手に持つが、この十五玄図の聖母は「白い椿の花」を手にしている。白椿は、日本の花言葉では「理想の愛」と解釈されるので、これは意図的にバラを白椿に変えて描いた日本的なマリア像ではないかと私は解釈している。杉野牧師は「西洋のバラはまだ東洋に伝来していなかったから」と教えてくださった。下段には左側にイエズス会のロヨラ、右側にザビエルが描かれ、中央には聖体拝受（聖餐式）に使われる聖杯（カリス）と光輝く聖体（ホスチア・パン）、その下にイエズス会の紋章が書かれている。そして、周りには左下から五枚ずつ時計回りに聖母マリアの生涯（喜びの玄義・悲しみの玄義・栄光の玄義の三場面）が五

聖母十五玄義図

東本 (縦 81.9cm 横 66.7cm)

原田本 (縦 75.9cm 横 63.7cm)

枚ずつ、キリストの生涯とあわせて描かれている。

喜びの玄義（左下から左上へ）

受胎告知、聖母の訪問、イエスの生誕、イエスの神殿奉献、博士と議論する少年イエス

悲しみの玄義（左から右へ）

ゲッセマネの園での祈り、鞭うち、荊冠のイエス、十字架を担ぐイエス、磔刑

栄光の玄義（右上から右下へ）

キリストの復活、昇天、聖霊降臨、聖母の被昇天、聖母戴冠

玄義図が、和紙の上に水溶性の絵の具で描かれていること、日本の掛け軸形式であることからも、この玄義図が、日本化された貴重な遺品であることが窺える。原田本と東本の異なる

点は、原田本にはイエズス会士のロヨラに後光背がないこと、そしてロヨラの背後に聖マティアス、ザビエルの背後に聖ルチアが描かれていることである。

これら貴重な遺品を目の当たりにすると、迫害期にこの深い山の中でキリシタンらが隠れてこの図像を眺め、ひっそりとオラショ（祈り）を唱えて礼拝を守り、信仰を深めていたことが偲ばれる。玄義図は、キリスト教の最も大切な教義が絵によって説明されて物語られる構成となっている。これは、キリシタンたちが子孫にその教義を忠実に伝えつづけてきた絵解きの聖書物語だった。それを守り続けたのは他でもない「隠れキリシタン」たちであり、その先祖の心を継承したカクレキリシタンである。

千提寺地区の人々をキリスト教へと導いたキリシタン大名、高山右近とはどのような人物だったのだろうか。

二　キリシタン大名高山右近

高山右近（一五五二～一六一五）は、日本にキリスト教が伝来した三年後に生まれ、キリシタン禁教令発布後に亡くなっている。彼は、日本の過酷なキリスト教史を生涯を通じて体験した人物の一人だ。『日本史』を著したフロイスや、外国の司祭の多くが彼について記しており、日本人キリスト者（キリシタン）の中で特に注目され、関心を持たれた人物である。遠藤周作も『反逆』（一九八九）の中で高山右近について独自の解釈を試みている。

高山右近は、集団改宗のもと高槻城下をキリシタン中心地にした。初期の右近が、神社や仏閣を排撃し、キリスト教に改宗させたことが史実として伝えられている。このような右近の武将的性格と態度は、領地拡大、キリシタン国の設立、物質的繁栄という面にもあらわれている。領内（千提寺地区）に継承された数々の貴重な遺品からも、その勢力が窺われる。

他方で、高山右近は自ら城下を歩き、病人や貧民を援助することを惜しまず、孤児や未亡人の救済にもあたったと伝えられている。名もない貧民のために葬式を司式し、棺を担ぎ、墓を掘り弔った。このような右近の姿から、生活の中に信仰が深く根を張った実践者として忘れられることなく今も親しまれている。

そのような右近の内面的・思想的変化が表に出たのが、秀吉がキリシタンを追放するという時期であった。右近は「信仰を捨てれば命を助ける」という説得を秀吉からのみならず、家康からも受けている。しかし右近は、領地を没収されてこの世の名誉を剥奪されてもキリシタンの信仰を貫いた。右近には国内で「殉教する」という栄誉を与えられることなく終には、国外追放の命をうけてマニラに送られてその地で没する。
右近を慕って領内に残ったキリシタンの民は、その後も迫害を受けながらも「隠れ」として信仰を継承し、その心を守りつづけた。

高山右近（洗礼名ジュスト）略年譜

父は沢城主高山飛騨守（友照キリシタン名ダリオ）、母マリア。

一五六三年　伊留万ロレンソ（一五四九年にザビエルから洗礼を受けた日本人最初のイエズス会修道士伊留万、盲目の琵琶法師）により洗礼を受ける。

一五七三年　右近、高槻城主となる。領内（三島地方）のキリシタン教化に努める。

一五七八年　織田信長の配下となる。翌年、信長は宣教師の安土で教会を建設することを許可。高槻はオルガンチノ師を迎えて農村に十字架を建立し、この年に二、四〇〇〇人が受洗。

一五八七年　秀吉、伴天連追放令を発行。右近は信仰を貫いたため、明石城を没収され追放されるが小西行長によって小豆島に匿われる。

一五八八年　金沢城主前田利家の客将となる。

一五九七年　日本二十六聖人殉教。

一六一四年　徳川家康、キリシタン禁教令発布。右近と内藤如安、信者は国外追放。他の信者たちはその縁者を含めて死罪・流刑罪に処せられた。

一六一五年　右近マニラにて病没（一六二六年如安マニラにて死去）。

おわりに

高山右近は、時の政権を握る人々から「切支丹大名」としてその人格が尊ばれ、歴史に名を留めた。過酷なキリシタン弾圧により、その領地におけるキリシタン関係の資料や品々の大半は破壊された。そのような中で茨木カクレキリシタンが守り続け、後世に伝えた遺品から、当時の高山右近の領地におけるキリスト教の繁栄が垣間見える。そこには日本に実生化したキリスト教が息づき、根を張っていた。一五九〇年（天正一八）すでに二四万人を数えたキリシタンはその後も上昇をつづけたという。一七世紀初期の人口数を歴史人口学に基づいて一千万人と仮定すると、当時の人口の二・四％がキリシタンだったことになる。

千提寺のカクレキリシタンの史実、遺品からキリスト教が日本に実生化された一例を見出すことができた。キリスト教信徒に限らず、自分は特定の宗教に属していると自称している人々は、ともすれば教義や教団という形式や枠組みに捉われ過ぎることがある。千提寺カクレキリシタンの子孫の方々との出会いから、改めて人間が歴史の中で培ってきた魂の深さを感じ、信仰の継承とは何なのかと考えさせられた。

謝辞

千提寺を一緒に訪問してくださった杉野栄牧師、西田久美子さん、狭間芳樹先生、そして私たちを歓迎してくださった下音羽の大神さん、千提寺のお一人お一人に感謝しています。

キリシタン墓拓本（千提寺）

イエス磔刑（大神家所蔵）

中谷孝氏（自宅にて）

コラム③ キリシタン大名（日本とキリスト教の出会いⅡ）

キリスト教はイエズス会の宣教師フランシスコ・ザビエル（一五〇六～五二年）によって一五四九年に伝来した、と歴史の教科書に記されています。イエズス会とはローマ・カトリック教会に所属する男子修道会の一つです。一五三四年、マリア被昇天の祝日である八月一五日に、イグナチオ・デ・ロヨラ（一四九一～一五五六年）を筆頭に七人の同志たちがパリのモンマルトルの丘にある聖堂に集まって誓いをたて、一五四〇年に教皇の認可を受けて創立されました。フランシスコ・ザビエルも創設メンバーの一人です。

一六世紀に、彼ら宣教師が来日したことで、西洋の教えや文化に初めて接した日本人の反応を想像してみてください。初めて見て接する宣教師、初めて耳にする教え、初めて聞く言葉や初めて観て触れる西洋の品々、初めて口にする物品などなどを前にして、驚き、疑い、また感動もしたことでしょう。日本人は自分たちの好みに合わないものは拒絶（排除）し、適応できるものを受容し、変化させ、また融合させました。島国に住む日本人は、様々な異文化と出会い、混淆、重層化という「多の和」の歴史をたどってきました。

同様に、宣教師たちの中にも日本文化に馴染もうと努力する者、すべてを野蛮な慣習として否定する者など様々でした。宣教師の中には当時流行していた「茶道」の礼儀を学びつつ、日本の心を学ぼうと考えた人物もいました。

茶人、千利休（一五二二〜九一年）の弟子には利休七哲と呼ばれた人々が存在します。蒲生氏郷、細川忠興（ガラシャの夫）、古田織部（茶器製作、造園建築）、芝山監物、瀬田掃部、高山右近、牧村兵部です。彼らの内の五名がキリシタンでした。私はその当時の日本文化とキリスト教（茶道と宣教師）との出会いに興味を覚えます。

茶は一二世紀に禅僧により薬として伝えられました。茶室の躙口は狭く、「狭き門（濃茶の席）にキリスト教を取り込みました。利休は自分の茶事から入りなさい。滅びに通じる門は広く…（マタイ七章一三節）」の教えを思い出させます。茶室に入る者は、皆小さく身を屈めて中に入ります。その際、武士は入り口で刀もプライドもすべてを自身から除かなくては中に入ることは許されません。これも聖書の教えを踏襲しています。茶室では、贅を尽すのではなく床の間に生けられた一輪の花のいのちの前に、独りの人間として向き合い、一杯の茶をいただく。キリスト教では、「大いなる神の前ではだれもが平等である」と説かれます。豊かな者も貧しい者も平等です。貴族、商人、武士の差はありません。

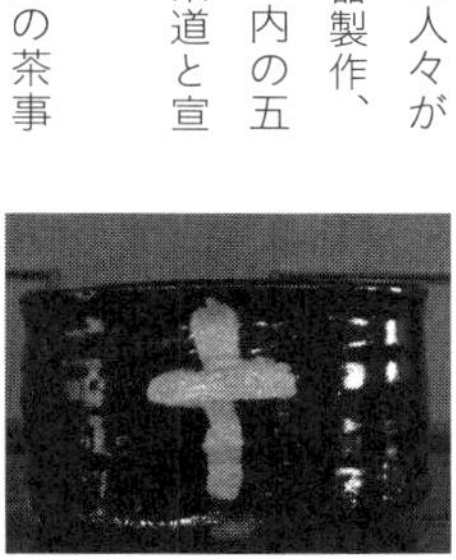

キリシタン茶碗

そしてキリスト教のミサ（聖餐式）と茶道のお手前の作法には、共通する精神が見られることも注目されます。拝していただくという聖餐拝領と一服の茶をいただく作法、司祭がカリス（聖杯）を拭く手順と茶道の茶巾・袱紗裁き、また人々が順々に拝して回し飲む作法の類似性が指摘されます。

時の政権によりキリスト教は全国的に禁止されました。一六三九年に日本は鎖国政策をとり、宣教師は一切国内に出入りすることができなくなり、キリスト教の布教の道は絶たれました。しかし、数々の遺品がキリスト教の精神を伝え続けていたことがわかります。茶器や魔鏡、そして灯篭にはそれぞれの物語があります。茶器の内底には十字が刻まれており、お茶を拝した後に十字が浮き上がります。茶室の庭に据えられた織部灯篭は、柱が左右ふくらみを帯びていて十字架の形をしています。キリシタン灯篭として伝えられました。また、茶室という個人の空間でのみ見ることができたであろう光を反射させるとイエスの像が映し出される魔鏡が見つかっています。

キリシタン大名たちは、茶道に親しみながら何を考え、祈っていたのでしょうか。

杉野栄牧師

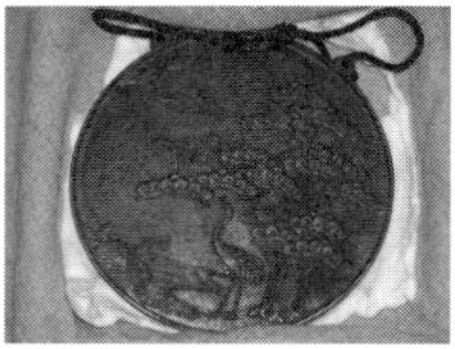

映し出されたイエスの像

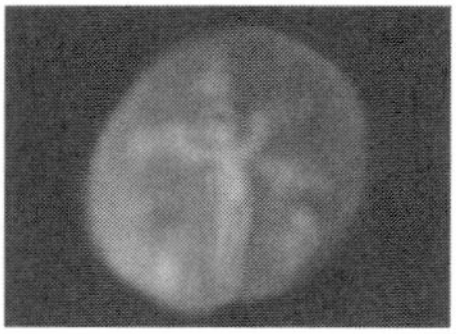

キリシタン鏡（魔鏡）

第六章　長崎に伝承される聖書物語『天地始之事』現代語試訳

はじめに――現代的意味

一八六五年に浦上の潜伏キリシタン、ドミンゴ又一は、一冊のキリスト教の教理本をプチジャン神父（一八二九〜八四）に手渡した。そこには、約二五〇年にわたる潜伏期間に長崎の隠れキリシタンが口伝継承した神話、旧約・新約聖書物語が記されてあり、表題には「天地始之事《てんちはじまりのこと》」と書かれていた。ところが後日、プチジャン神父と長崎教区の副司教サルモン神父はこれを「奇怪な伝説を交えた、取るに足らないもの」として処分してしまった。

約一世紀後の一九三一年、田北耕也は『天地始之事』の全てを暗誦していた九一歳の紋助爺と生前最後に会っている。そして氏は、西彼杵《にしそのぎ》半島東樫山に住む下村善三郎が所持した写本『天地始之事』を底本として校注を加え海老沢有道他『キリシタン書・排耶書』（岩波、一九七〇）に収録した。

私は、田北が収録した『天地始之事』（以後『天地』と略）を現代語訳し、不足分を補い、大意を加えて広く人々に紹介することにした。『天地』は、日本に実生化《みしょうか》したキリスト教の一形態として神学・宗教学的に評価されるべき作品であると考えたからである。『天地』は、長崎の隠れキリシタンの間で彼らの生活・慣習と和合されて様々な変容の道をたどった。ポルトガル語の転用や、原典（聖書）の歪曲、自由な解釈も加えられている。『天地』には、彼らの隠れた信仰が思想として形成されており、日本の宗教的特性の一つの型を見出すことが可能である。『天地』は、日本のキリスト教史において民俗・民間伝承として民衆の間に根付いた「信仰の形」、つまり表象的テキストとしての役割を持つと言っても過言ではない。

長崎県外海地方の潜伏キリシタン（隠れキリシタン）、そしてその子孫たち（カクレキリシタン）は、現在まで四五〇年以上の月日をかけて日本のキリスト教史を紡いできた。彼らは、『天地』の中で「外海の大地は神から与えられた世界郷土」と認識し、神の愛が自分たちに向けられていると解釈する。そこには、ひたむきな信仰世界が継承されている。だからこそ、彼らは、殉教ではなく、生き延びる道を選択してきたとも考えられる。隠れキリシタンは「後生の助かり（来世の救済）」という希望の教えを伝承し、生きつづける糧（力）としてきた。『天地』は、キリスト教が日本の大地に実生化される過程において、内発的に語り伝えられた記録として、また、彼らの生活に浸透した信仰と希望の物語（民衆の神学）として思想的に大きな意義を持っている。

外部との往来がほとんどなかった長崎県の外海地方であるが、現在では遠藤周作の記念館、道の駅が建設されて人々の往来が頻繁に行われるようになった。日本のカトリックのルーツである静かな町、外海は現在では観光スポットの一つとなっている。

『天地の始まり』

デウス（神）とは、天地の御主、人間・万物の御親のことである。一つの光の下から、二百相の位、四二相の装いを持つが、もともとは一つの光を分けたようなもの、つまり太陽のようなものである[1]。

デウスは、十二の天を創造された。その名は、リンボー（地獄）、マンボー、オリベテン、シダイ、ゴダイ、パッパ、オロハ、コンスタンチ、ホラ、コロテル（エデンの園）、十万のパライソ（極楽世界）である[2]。次に、日、月、星を創り、数万の天使を思うままに召し寄せられた。

大天使ルシフェル（サタン・悪魔・仏）は七天使の頭、百相の位、二二相の装いをもつ[3]。また、デウスは万物を創造され、土・水・火・風・塩・油にご自身の骨肉を入れ、月・火・水・木・金・土、そ

祈りの岩

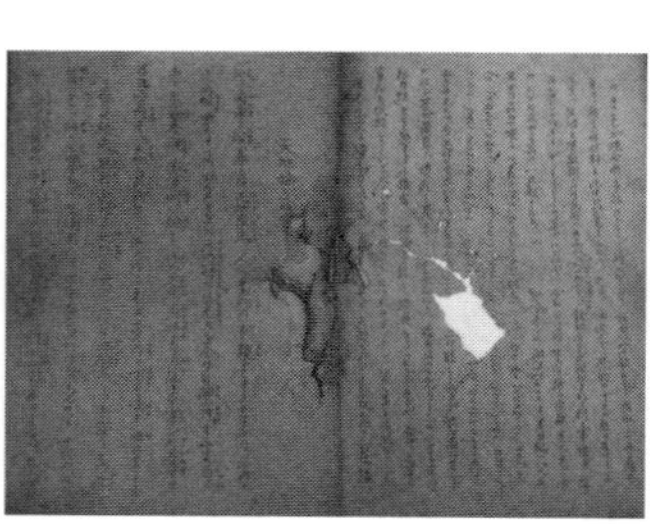
天地始之事

の七日目に人間の五体を創造された。デウスは、ご自分の息を吹き入れて、人間を「主日のアダン」と名付け、三三の相を与えられた。[4]こうして週の七日目は祝日となった。

また、デウスは女を一人創造され「主日のエワ」と名付けられ、二人を夫婦とされた。二人は、この世界においてチコロウ、タンホウという男女二人を生んだ。[5]エワとアダンは、毎日デウスを礼拝するためにパライソ（天国）に赴いた。[6]

ルシフェルは、デウスの留守を見計らって、数万の天使を集めて

「我ルシフェルは、デウスである。よって、これからは我を拝め」と言った。これを聞いた天使たちは喜んで彼を拝した。

それを聞いたエワとアダンが「私たちはデウス様を拝むべきだ」と互いに論じ合っていると、そこにデウスが戻られた。ルシフェルを拝んでいた天使たち、エワとアダンは「はっ」と手を合わせてデウスを拝した。この時に、過ちを正すときに唱える「コンチリサン（後悔）の祈り」が出来た。デウスは

「ルシフェルを拝んでも、マサン（りんご）の木の実は、決して食べてはならない。さあ、エワとアダンの子どもをここに連れてきなさい。善い洗礼名を授けよう」

と仰せになった。この情け深い御言葉に、みな我に返った。[7]

これを聞いたルシフェルは、エワとアダンを謀ろうとエデンの園に急いだ。そしてマサンの木の実をとって、エワとアダンがいる所へ行き

「アダンはどこにいるのか」

と聞いた。エワは

「天国の門番をしています」

と答えた。するとルシフェルは

「我はデウスの使いである。その方の子どもの洗礼名を授けるというデウスのご進言である。急いで子どもを使わせよ」というのでエワはそれを真実と思い

「これは遠いところをご苦労様であります。それはそうと、あなたがお口にされているものはなんですか」

と尋ねた。ルシフェルは

「これは、マサンの実である」と答えた。エワは驚いて

「それは、禁じられているものと聞いていますが、食べてもよろしいのですか」

と聞いた。ルシフェルは

「このマサンの実は、デウスと我ルシフェルのものである。これを食べれば、皆がデウスに

なるのでで禁じられているのだ」

と偽った。エワはそれを聞いて「そうでしたか」と納得した。ルシフェルは、まんまとしてやった、とほくそ笑み、マサンの木の実を（エワに）手渡して「さあ、これを食べて、我ルシフェルのように偉くなれ」と勧めた。エワは喜んでそれを食べた。

ルシフェルは「これはアダンに食べさせよ。そして子どもを急いで連れてまいれ」と言って帰る素振りをして木陰に隠れた。

アダンが戻ると、エワは今あったことを話して残りのマサンの実を（アダンに）手渡した。アダンは疑いながらも手にとって食べた。

そこにデウスが何処ともなくやってきて「アダン、どうしたのだ、それは悪の実であるのに」とおっしゃった。アダンはハッと仰天して、吐き出そうとしたが、喉に引っ掛かり、エワとアダンはたちまちに天国に入る快楽を失った。（二人は）すぐにサルベ・レジナ（挽歌）を唱えて天に叫び、地に伏して、血の涙を流して千回悔いたがその甲斐はなかった。これが「罪の告白の祈り」の始まりである。

ほどなくして、（二人は）デウスに向かって「どうぞ、なにとぞもう一度、パライソに入ることをお許しください」と願い出た。デウスはそれをお聞きになり、四〇〇年、後悔を続けよ、その時にパライソに戻そうと仰せになった。[8] しかしエワは「中天の犬になれ」と蹴飛ばされ、行方知れずとなった。

その後、エワの子どもは「もう一度天国に入れる」という望みを託しながら、下界に住み、畜生を食べ、月星を拝み、後悔しながら過ごした。下界には、合石《ごうじやく》という石があった。この石を探してそこに住む者には必ず不思議な恩恵があるといわれる。即ち、それはこの世界(黒崎・出津)である。[9]

隠れたルシフェルは、鼻が長くなり、口はさけ、手足は鱗だらけになり、角を振り立て、すさまじい容姿になって、デウスの御前にひれ伏した。「おのれの悪心からこのような姿になってしまいました。このままではとても恐ろしいので、どうぞ天国に入れてください」と願い出た。しかし、デウスは「汝は悪性であるから、天には入れられぬ。下界ではエワの子どもが後悔して過ごしているから、こちらにも入れられぬ。雷の神となれ」と言って、十相の位を与え、中天に住むことを許した。

悲しいことに、ルシフェルを拝した天使たちは、皆、天狗となって中天に追いやられた。

悪の実、中天に追いやられる

マサンの悪の実は天でも下界でも争いのもとになるので、デウスの御思案によって、中天の天狗のところに送られた。

さて、立ち分かれたエワの子ども「兄は妹が恋しくなり、妹は兄が恋しくなり、声の限りに叫びながら歩いた。その声は、谷で叫ぶと山にこだまし、山で叫ぶと谷にこだまし、二人は力の限りに叫んで歩いた。それを見かねたデウスが手裏剣を投げおろすと、山の高みに突き立った。[10]」は合石の石のほとり（黒崎・出津《しつ》）で出会った。これこそ、前に聞いたデウスの不思議な知らせかと、二人はとても驚いた。抜身の剣の光に照らし出されてお互いの姿を認め合った二人は、嬉しさのあまりに走り寄り、女は針を投げ、男は櫛を投げた。女が投げた針は男の頭に突き刺さって、血が流れた。その血が止まらないので天に向かって願をかけ「一生夫に従います」と誓うと血は止まった。再びその剣を振ると、兄弟の縁は切れて夫婦の契りが結ばれた。こうして恐ろしい道を知り、双子ばかり十二回身ごもった。「故に親近結婚は良くないと言われる。[11]」

次第に、人間が増えて食べ物が足りなくなったので、（人々は）天に向かって祈り「食べ物を与えてください」と願うと、デウスが空に現れて籾の種をお与えくださった。その種を雪の中に蒔くと翌年六月にはよく実り、八株に八石、そしてその冬には九石実った。それから、八穂で八石の田植え唄が歌われるようになり、兵糧が多く蓄えられるほど豊作となった。

しかしその後、悪心慾心の世の中となり、運慾・貪慾・我慾という三人が生じ、善人の食物を自分の欲しいままに盗み取った。デウスはそれを憎まれ、三人を二つの体にとじこめた。その三つの顔には角が生え、その形相はすさまじく、彼らは田畑に実ったものはすべて自分のもののように盗み取り続けた。デウスは、天から下られて、彼ら天の邪鬼を海の底へ封じられた。この三人の悪党はルシフェルの仕業であった。

人間が多くなるにつれて人々は盗みや、慾から離れることができずに悪に傾いていった。悪事が募るにつれ、デウスはそれを憐れんで、パッパ・マルジ帝王にお告げを授けた。[12]それは「この寺の獅子（狛犬）の眼が赤色になった時、津波が来て、世は滅亡する」というお告げだった。帝王は毎日寺に詣でた。手習いの子どもが集まって「どうして獅子を拝むの」と聞くと、脇の子どもが「獅子の眼が赤色になる時に、この世界は波にのまれて滅亡するとさ」と答えた。子どもはそれを聞いて笑い「そんなおかしなことがあるものか。塗ったらすぐに赤くなるけれど滅亡なんて考えられないよ」と言って、獅子の眼を赤く塗った。

マルジ帝王がいつものように参拝すると、獅子の眼が赤かった。それを見て「はっ」と驚き、かつて用意していた刳舟《くりぶね》に六人の子どもを乗せた。残念なことに足の悪い兄は乗り遅れた。そうこうする間もなく大波が天地を驚かせながら一寸の猶予もなく押し寄せ、辺りは一面の大海となった。獅子が海の上を走り、先の兄を背中に乗せて助けた[13]。

水は三時に引き、刳舟に乗った人々は島に漂流して休んだ。そこへ獅子が兄を背に乗せてやってきた。波に溺れて死んだ数万の人々は、地獄に落ちた。

神、人類救済のために分身を世に送る

方舟《はこぶね》に乗って、九死に一生を得た帝王とその子ら七人は、その島を住処と定めたが、契りが結ばれていないために、女は眉をそり歯に鉄かねを付けることをこの時から始めた。増え続ける人間は、生まれては死に地獄に落ちた。

デウスはこの次第を憐れみ「天使よ、人間をいかにして助けようぞ」と問うと、天使は答えて「デウスの分身を世に送られれば助ける道もありましょう」と答えた。そこでデウスは御子を分身とした。

ガムリヤ（ガブリエル）という天使が御使いとして下界に下った。その後、ジュアン（ヨハネ）が洗礼の役として下り、八月中旬にイザベルナ（エリザベト）の体に宿られた。彼女はそのとき五三歳、洗礼者は五月中旬にご誕生の予定である。[14] オラショ（祈り）を五三回唱えて一繰《ひとくくり》とするのは、彼女の年齢の故である。

ルソン（フィリピン）の国の帝王でサンゼン・ゼジュズという王がいた。[15] また、その国に、身分の低い娘で丸や（マリア）という、七歳から学問を志し、一二歳で上達した娘がいた。[16] 丸やは、毎日、世界の状況を案じ、人間界に生まれた後の来世の救済はどうなるのかと思い続けていると「汝が一生、独身で、処女の行を積めば、健やかに救済しよう」[17] という、不思議な天からのお告げを受けた。ハッと喜んだ丸やは、地に伏して礼拝し、一二編の祈りを唱えた。[18]

ルソンの国の帝王は妃の候補を探していたが、思いに適う女を見つけることができなかった。国内の丸やのことを聴くなり、すぐに家老達を使わした。丸やの両親はかしこまって「御心にお任せいたします」と承諾した。しかし、丸やは一向に承諾せず、このままでは埒が明かないと、家老は無理に丸やを王の前にさし出した。

帝王は、丸やを見るととても喜び「聴いていた以上の器量者だ、これからは私に仕えてくれ」と仰せになった。

丸やはそれを聞くと「仰せになることはごもっとも。しかし、私は大願の望みがあるので、この身を汚すことはできません」と言う。

それを聞いた王は「どんな望みも叶えてやるから我が妻となれ」と言った。

丸やは「王には霊的な位がなく、この世の栄華のみ携えていらっしゃいます。それより来生の救済こそが大切です」と答えた。

それを聞いた帝王は「そなたは凡人であろう、いかなる位を持っているというのか。我は王であるぞ。来い、見せるものがある」と言って、宝蔵から金・銀・米俵、また、金の屏風・貝の錦、十間の緋色の練絹、珊瑚の珠、瑠璃の香箱、瑪瑙・琥珀の細工物、伽羅や麝香・沈香の香りの玉の鼓を見せ「金銀をちりばめた屋敷に暮らし、これらの品々、すべて気に入ったものを、そなたにやろう」と言った。

しかし、丸やは宝には目をむけず「それらの品々はこの世の宝です、使い尽くせば無益でしょう。それでは、私の技をお見せしましょう」と言って、心の内に念願をこめて合掌すると、天はこの祈りを聴き、眼前に食膳の品を現した。[19] これを見て、王をはじめ、居合わせた人々は奇異の思いを募らせた。王は「何と、不思議。他に何か奇妙なことができるのか」と問うた。すると盛夏であるというのに空はぱっと曇り、雪がチラチラと降り始めて積り始めた。王を初め、居合わせた人々は体をこわばらせ、口もあかずにただ茫然とする有様であった。その間に、丸やは天の花車に乗って、すばやく天に昇られた。[20]

ルソン国の帝王の死

雪がやむと、帝王は夢から覚めたような心持で「丸やはどこに行ったのだ、丸や、丸や」と言われるが、丸やは天に昇られた後であるので訪ねることも出来ない。想い焦がれた帝王は、おいたわしくも遂に亡くなられた。

天に昇られた丸やは、デウスの御前に畏まった。デウスは「処女丸やよ、どうして（天に）来たのか」とお尋ねになられた。丸やが事の次第を話すと、デウスはとても喜ばれ「良く来た、さあ位を授けよう」と仰せになり、雪のサンタ・マリアと名付けられて天から下らせてもとの家に戻した。[21]

ある時、（丸やが）書物を御覧になっていると、不

雪のサンタ・マリアの聖画（日本26聖人記念館蔵）

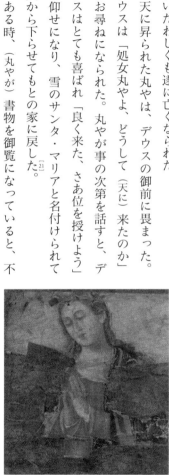

思議なことに「主が使わされよう」という文字があらわれた。さてさて、どこに御出現されるのかと待っていると、まもなくガブリエル天使が天から下られた。[22] 処女丸やの前に跪き「(私は)この度、御主によって天から使わされました。あなたの、清い御体をお貸しください」と言った。丸やは答えて「どこに(主が使わされるのか)、と案じましたが、この体においで下さいますのか」と喜び「どうぞ御心に適うままに」と受け入れた。天使は「二月中旬に、天から下りますので頼みます」と言って帰られた。

二月中旬になり、(丸やは主が使わされるのは)まだかまだかと、身を謹んで待ちわびた。夕暮れに、聖霊が蝶の装いで天から下り、処女丸やのお顔に移り「花冠の聖丸や」とその口に飛び込んだ。[23] こうして丸やは懐胎され、四カ月ほど過ぎると次第に身重になられた。

丸やは臨月が近づいた叔母のエリザベトは、さぞかし苦しいだろうと考えて見舞いに訪ねた。[24] エリザベトもまた、丸やの懐胎のことを心配して見舞いに訪ねた。二人は、あべ川で出会った。エリザベトは「ハッ」と手をとって祈りを唱えた。「めでたし聖寵満ち満てる丸や、主、御身と共にいます。御身は女のうちにて祝せられ、ご胎内の御身も祝せられ給う」それを聴いた丸やは「天にまします我らの御親、御名を尊ばせたまえ、御国を来らせたまえ。御心が天になるごとく地にもなさせたまえ、我らの日々の糧を[25]」と応じた。すると、丸やの体内の御子に二人の言葉が聞こえ、ご誕生後にコンリキのガラッサ（御功力の祈り）として完成された。これはあべ川でつくられた祈りであるので、アベ・マリア一結びの祈り（天使祝詞）という。二人は、この川でいろいろな話をされて別れた。

サンタマリアの受難

こうして丸やは急いで家に戻った。しかし丸やの両親は、娘の懐胎を知ると激怒し「おまえは帝王を嫌って一体だれの子を身ごもったのか。このような不貞には納得できない。このことが帝王の耳に入ったらこの親までも滅亡だ。この家に足を踏み入れることは許さない、早く立ち去れ」と身を震わせて叱った。

仕方なく、サンタ丸やは我が家を後にして、途方にくれ、何処に行くともなく野に、山に、他の家の軒下に佇んで難儀を偲んだ。二月の中旬に、丸やはベレン（ベツレヘム）の国に迷いこんだ。その頃大雪が降り出し、しばらく身を休ませようと牛馬の小屋の隙間に身を縮め寒さを凌いだ。昼八時頃から断食されて夜半頃に御身様がご誕生された。[26]

時は寒中であり、左右にいる牛や馬が息を吹きかけて御身様（以下「主」）が凍ってしまわないように体を温めた。また、牛馬の情けを受けてその食み桶で産湯をした。それゆえ水曜日は、畜類・鳥類を食べることが禁じられている。[27]

三日後、主は湯に入られることを望まれた。その後に「そなた（宿主）の息子もこの湯に浸《つ》かりなさい」と言われたが宿主は「その気づかいは嬉しいけれども息子は瘡のために痛みがひどく、命も危ういほどなので入れません」という。それでも「是非に」というので、その湯をかけると、たちまち（息子の）瘡は癒されて命を取り留めた。

八日目に、主はこの世の恋や無情を思い、思い切って割礼をうけて御血を流された。これを見た母丸やは、驚きすがりついて泣いた。[28]

しばらくして、トルコの帝王メンテウ、メキシコの帝王ガスパル、フランスの帝王バウトザルの三人は、お告げを聞いてそれぞれ出国した。[29] しかし不思議にもその道すがら三本辻で三人は出会った。そこで三人は共に標された道しるべの星を目指してベレンの国に着いた。

その国は、帝王ヨロウテツ（ヘロデ）の支配下にあったので三人は立ち寄って尋ねた。「この国に主が誕生するという天からのお告げがあったので、こちらに参上しました。どうぞお教えください」。すると、帝王は「そのようなことは、聞いてない」と答えた。三人は「帝王も、ご一緒に拝みに行こうではありませんか」と誘ったが「いや、まずは三人で出発あれ」と言うので「それでは、そうしよう」と三人は出かけた。しかし、おかしなことに道標の星は見えなかった。

「ここに立ち寄ったからだろうか、残念だ」と、三人は一緒に天に向かって手を合わせ「どうか光を照らして下さい」と祈ると、目当ての星が手に取るように見えた。道を急ぐと、間もなく到着し、そこで礼拝した。時は一三日目だった。

「あなた方は、どこから来たのか」と主は尋ねた。三人は「主の証の星に導かれてここに参りました」と答えた。主は「三人が来た道は悪人道なので、今はもう消えてなくなっている。これからつくる三つの道をたどって帰りなさい」と仰せになった。「ハッ」と、ひれ伏して待つと間もなく天のつり橋が三筋かかり、三人はそれぞれの道を通って自分の国へと帰った。

　さて、ベレンの国の帝王ヨロウテツは、ポンシャ、ピラトという二人の家老を呼んで質問し[30]た。「我が国に天から主が生まれたと聞いたが、そのままにしておけば、いずれこの国が攻め取られてしまう。そのようなときは、私をはじめ、そなたたちも国を追われて流浪することになる。いかがなものか」。両家老は「それはどうしたことでしょう」と答えた。王は「いや、たかが生後一四、五夜の子どもだ」と言うと、家老は「その餓鬼、恐れるに足りません。行ってつまみ殺してきましょう。王はどうぞ心安らかに」と言って、野山、川を越えて村々の家一軒残さず探し回った。

主は事の次第を知り、丸やとともに逃げることにした。[31] 何処へともなく行くと、麦作りの大勢の人に出会った。[32]「皆様に頼みます。私たちの後から追手が来ます。どうぞ、私たちは、この麦を蒔くころに通ったと言ってください」と頼んだが、麦作りの人々は「今から麦を蒔くのに、この麦を蒔くころとは、おかしなことを言う」と笑った。後日、この麦は実らなかったという。

そこを過ぎると、また麦作りに出会ったので以前と同じことを頼んだ。すると「了解した、そのように言おう」とこの麦作りは受諾した。主は喜び、この麦はすぐに実ると思い逃げた。そこへ追手が来て「麦作りの奴等ども、落人が二人通らなかったか」というので、麦作りは「はい、この麦を蒔いた頃に通りました」と言ってその麦を見ると、もう色がついて実っていた。これを聞いた追手の者は、力を落としてそこから引き返して行った。

二人の落人は、危ういところをやっと逃れて、パウチズモ（洗礼）の大川に到着した。そこで三ジュワン（聖ヨハネ）に出会った。「あなたは何処に行かれるのですか」と問うと、三ジュワンは「私は主に御水を授けるために、七カ月先に生まれたのです」と答えた。主は喜び「それでは、この川の中で私に洗礼を授けて下さい」と願った。[33] この時から主は、ジュス・キリヒト（イエズス・キリスト）と敬われる。それにしてもきれいな名水であった。

主が、悪人の来世の救済のためにこの水を分流しよう、と念じられると川は四万余筋に分かれた。この川の裾で洗礼を授かった者は皆パライソの快楽を受けることができるという、これは真実である。[34]主がタボロ（タボル山）に到着したのはそれから四〇日目だった。[35]

天のデウスは、下界にいる分身である主を召し寄せたく思っておられた。そこで主は、自ら天に上られデウスと会った。デウスは主に位を与えて冠を渡し、主はそれを受けて天から下り、元のタボロ山で御法身体（出家）されて、ゼゼ丸や（ゲッセマネ）の森の中の御堂に入られた。[36]五〇日目だった。

主が、この日から学問を始めると、サガラメント（サクラメント・秘跡）が天から下り、七日七夜、ご指導され、（主が）習得された後に天に帰られた。そして主は一二歳になるまで学問を続けられた。

朝五カ条の祈り

こうして一二年の間に、御母サンタ丸やは諸所から蜘蛛の糸を集めて天の羽衣を織り、主の着物を縫われた。

ばらん堂（聖堂）という所に学匠等（仏僧）という者がいた。[37] この人は学問に秀れ、すべての経文を熟読されると聴き（主は）その人のもとで学問をしようと彼の下へ赴かれた。御母サンタ丸やは、三日三晩（いなくなった主を）探してばらん堂で見つけた。[38] 朝五カ条のお喜びのオラショ（祈り）とは、即ちこの時の祈りである。[39]

仏僧は椅子に上がり「南無阿弥陀仏の六字の妙号を唱えれば、極楽に成仏することは疑いなし」と（話を）始めた。

それを聴いた主が「その妙号を唱えて死後に行く先とは、どのようなところですか」と問うと、仏僧は「死後のことについては十分明らかでないが、弘誓の船に乗り、悪人は地獄に落ちて善人は極楽に行くということは、疑いない」と言う。

主　「その極楽とは何処にあるのですか」

仏僧「弘誓の船に乗れば、極楽世界に行くということは疑いない」

主　「ただ疑いない、と言われても分か

ヒューゼ神父のマリア十五玄義図
（嶋崎賢児撮影／長崎歴史文化博物館蔵）

りません。天地日月人間万物はどのようにして出来たのですか、お聞かせ下さい」
仏僧「私は未熟なので知らない。そなたはそれをご存知か」
主　「それでは語っておきかせましょう」
（仏僧は）椅子から下りて、主を上座に招いた。[40]

主は話し始めた。天の高さ、地の深さは八万余り。「仏」と拝んでいるのは、天帝（デウス）のこと、人間の死後の救いを成就される仏とはデウスのことです。この仏、デウスが天地日月、パライゾという極楽を創られ、人間万物、ありとあらゆるものは、この仏、デウスが思うままに創られました。また、人間を創られる際は、ご自分の四分の息を入れて成就されましたが、その後に十分の溜息をつかれたために、それが悪風となって島に集まり、大風となって敵となりました。その差が草木を吹き枯らし、人（種）が絶滅する前に、天から仏、デウスが、悪風を止めるために七十五里吹きました。[41]

なるほど、と聴いていた仏僧や門弟一二人は「私たちは学匠と呼称していましたが、そのような因縁を知りませんでした。今日からは主の弟子にしてください」と言う。主は「出来るだけ、あなたたちのお望みに従いましょう」と言い、一二人に洗礼を授け、師弟の約束をなさった。[42]寺に来ていた群集の人々も「我も我も」と洗礼を授かりコンエソウル（聴罪司祭・司牧者）

として仕えた。

（他の）仏僧等はこれを見て自分達も弟子となって（主を）師匠として敬い奉ろうと考えたが、今までの経典が不要とされて破棄されるとしたらどうなるのか、と思案し「これは、一切経と言う大切な経文だ」と言い争って議論が止まなかった。そこで主は「真偽を明らかにするために、この一冊（『聖書』）と、あなたたちの持っている数冊を比べてみましょう」と仰せになった。重さを比較すると、経文数冊は軽く、『聖書』は殊の外重かった。

これを見て、仏僧等は宗論を止めて洗礼を授かることを望んだ。

仏僧等は「じきにヨロウテツ（ヘロデ）の追っ手が来て主の探索が厳しくなるでしょうから、寺も書物もこのままで洗礼を授けて下さい」と願ったので（主は）、洗礼を授けた後ロウマ（ローマ）の国を目指して一二人の弟子と共に旅立った。

ローマの国に主が到着すると、金銀を散りばめた、辺りも輝くほどの御堂が建てられた。これが三タ・エケレジアの寺（聖ペテロ大聖堂）である。（主は）この寺で人間の来世の救済を広めたということである。[43]

ヘロデ、国内を吟味する

帝王は空を駆け、土の中まで主を捜索したが居場所が分からなかった。そこで（主が）、庶民の子どもの中に紛れ込んでいるのだろうと考え「国中の七歳までの子どもを皆殺しにせよ」という御触れを出した。そして、四万四千四百四十四人の幼子が皆殺しにされた[44]。惜しいとも、憐れとも、いずれにも例えようがない。このことを伝え聞いた主は、数万の命が失われたのは皆、自分の所為であると考えて子どもたちの後生の助け（来世の救済）のために、ゼゼ丸や（ゲッセマニの森）で苦行をされた。

そこにデウスの声が下り「数万の幼子が命を失ったのは、皆そなたの巻き添えである。幼子らが天国の快楽を失うことは心もとない。故に、死んだ幼子の来世のために、責め虐げられ命を苦しめて、死に臨むように」と命令された[45]。（主は）平伏して血の汗を流された。主がこの時に唱えられたのが、昼五カ条の（受難の）祈りである[46]。

主は、ローマの国、三タ・エケレジヤの寺に戻って悪人に苦しめられて命を捧げようとお考えになった。

さて、その頃、御弟子の中の十ダツ（ユダ）という者に、悪心が入り込んだ。（ユダは）師匠（主）を探しているベレンの国（ベツレヘム）のヘロデに訴え出て褒美の金を貰おうと企んだ。

主は、（ユダの）心中を悟り知ると「この一二人の弟子の中に私の敵となる者がいる」と言われた。[47] それを聞いた弟子たちは「そのような心を持つものは一人もおりません」と口を揃えて言ったが、主は「毎朝、飯に汁をかけて食べる者が私の敵となる」と仰せになった。

次第に悪心が募ったユダは、クワルタの日（水曜日、斎戒・断食の日）にいつもの通りに食事をして、ベツレヘムの国に急いだ。[48] 帝王ヘロデに対面すると「帝王様が、かねがねお探しになっている御主は、ローマの国、三タ・エケレジヤの寺の和尚です。はやく捕まえて死罪にしてください」と訴えた。[49] ヘロデはそれを聞いてとても喜び「褒美は臨むだけ与えよう」と言って大金を渡した。ユダは褒美の金を受け取って帰る途上容姿が変容し、鼻が高く舌が長くなり、どうしたのかと思ったがどうすることもできずにエケレジアの寺に戻った。他の弟子たちが集まって「その様、さてはユダ、お前が主を訴えたのか、不届き者め」と口々に戒めた。ユダは面目なくなり寺の脇に金を棄ててその森の茂みに入り首をくくって自殺をとげた。三タ・エケレジアの寺の脇に、金塚という場所が残っている。[50]

主、捕えられる

こうして、ベレン（ベツレヘム）の国のヨロウテツ（ヘロデ）は主を捕えるために家老のポンシヤとピラトに大軍を与えてローマの国に派遣した。[51]三タ・エケレジヤの寺に着くと「者ども逃すな」と指揮して（主を）二重、三重に取り囲んだ。主は少しも騒がれず「ユダは何処にいるのか」と問われた。弟子たちは「ユダは豹変したのでわれらが戒めましたら、面目を失って山中で自死しました」と答えた。それを聞いた主は「私は既に受難と死を覚悟しているのだから、訴え出ても自殺さえしなければ助けたのに。残念なことだ」とおっしゃった。[52]

（ユダが自殺した）山中では、奈落（地獄）の底から炎が燃え上がり、インヘルノ（地獄）の火炎のようになった。それは捕手の悪人らに地獄を見せしめるためだった。捕手の者たちはこれを見て大層驚いたが、それでも主の手を、恐れ多くも首から縄で厳重に縛りあげてローマの国に引き立てた。それはまるで羊に縄をかけて引きたてる様だった。主は「速く歩け」と鞭打たれ「愚鈍な奴」と棒で打たれて無理無体に引き立てられてベツレヘムに連行された。[53]

間もなくして帝王ヘロデの前に引き出された。（帝王は、主を）見下して「捕手の者ども御苦労であった、その主という奴は奇跡を演ずると聞くから油断してはならない。その柱に括りつけよ」と命じた。（捕手は）「畏まりました」と、言われた通りに括りつけ「骨も砕けよ」と嘲笑すると、竹が微塵に砕けた。

（主の）御口には苦いものや、辛いものなどが入れられ、御頭には金輪の冠が打ち込まれ、その体から流れる血潮は滝の水のようだった。[54] ヨロウテツ（ヘロデ）は「数万の幼子たちを殺害させたのも、そ奴の所為であるのだから、三三間の台に乗せてカルワリヤウガ（ゴルゴダ）の獄に引きずり出して磔にせよ」と怒鳴った。主は強制的に連行された。

主、連行される

ここに三チリ島（サンクトゥスの島）という所があった。[55] ここにクロウス（十字架）の木という六六メートルの高さの大木があった。この木の根元にデウスが天下り、火を付けると火は消えることなく永遠に燃え続けるという。この木が焼けてしまうとこの世界はわずかな時間に、天火と地火が一度に和して焼き滅ぼされるという、恐ろしや、なんとも恐れ多いことである。それゆえ根元の三三メートルは（デウスが天下る日のために）残して、上部の三三メートルを切り取って磔の台を作って、主に担がせてカルワ竜ヶ嶽（ゴルゴダ）に連行した。[56]
（主は連行される）道で、ベロウニカ（ヴェロニカ）という水汲み女性に出会った。[57]彼女は主を憐れに思い「おいたわしい」と主の血の汗を拭って水を差し上げた。主はそれを手にして悦んでお飲みになり「ありがたい、助けられた」といった。（彼女の差し出した）手拭いに、御姿が写しだされたので、水汲みの女性は「もったいないこと」と思って（聖骸布を）、三タ・エケレジヤの寺に納めた。

こうして主は、ゴルゴダに連行された。ここに死罪に処せられた罪びとが二人いた。中央に主が御手足を大釘で打ち付けられ、その左右に二人の罪びとが磔《はりつけ》られた。左の罪びとが「今まで多くの仕置きをうけたが、このような酷い仕置きは初めてだ。これも皆、御前の所為だ」と主に恨み言を言った。それを聞いた右の罪びとは「それは、そなたの心得ちがいだ。我々は大罪びとだが、主は何の罪も犯していない。それなのに、このような仕置きを受けていらっしゃる。御いたわしいかぎりだ」と言った。

この右の罪びとの出生を詳しく尋ねると、主ご誕生の時、主が使った産湯の残り湯をかけた瘡子であった。その時は、命が絶えるばかりの悪瘡が生じていたが、湯をかけると不思議にも瘡が完治した。しかしその後、成長と共に悪心となり遂に死罪に処せられることになった。主の最後に共に十字架にかかって御供するとは因縁なことである。[58]

金に目がくらんだ盲人の話

カルワ竜ヶ嶽（ゴルゴタ）では、毎日のように拷問があった。これを四六人の御弟子が伝え悲しみ、様々な苦行や断食をして死を怖がらずに（主の）お供をしようと試みた。主はこのことを察して、受難の祈りをつくられた。[59]

ヘロデが「役人ども、早く息の根を止めよ」というので、役人らは、畏まって刀を手に持って働いたが五体に力が入らず手足も思うようにならず、（主を）突くことが出来なかった。そこに盲人が来たので「おい盲人、ここに死刑の道具がある。止《とど》めを刺すことができたら金をやろう」と言うと、盲人は「教えてくれれば、止めを刺しましょう」と言う。警護の侍が「これはこうして」と念入りに教えると、盲人は「了解した」と答えて教えられたとおりにグッと刺し貫いた。血潮が流れ（血が）目に入ると、不思議にも両目が開いた。「奇妙なことだ、はてさて、この世界が明らかに見える。もうちと早く、悪人の止めを刺していればこの目が早く開いたというものを」と言った。このとき主は「盲人には来世の救いは叶うまい」と仰せになった。[60] この盲人は、思うままに止めを刺して褒美の金を採り続けたので、眼はつぶれてたちまち元の様になった。金に目がくらむとは、こういうことを言う。左右の罪びとも同様に無常の煙と消え失せた。右の罪びとは忝くも、主のお供として天に昇った。左の罪びとは地獄に沈んだ。

母サンタ丸やは、御主の死骸を御覧になって嘆かれた。帝王へロデはこれを見て「あそこで泣いている女は何者か」と聞いた。「あれは、磔にされた主の母であります」と取り次ぐと、帝王はそれを聞いて「なるほど、親子の別れであるか。名残惜しましてやれ」と言う。母は嬉しく思って死骸にひしと抱きついて嘆かれた。警護の者は、御いたわしいが名残は尽きぬと、石の櫃に死骸を納め大地に埋めて昼夜見張りの番をした。

信条

セスタの日（金曜日）に主は大地の底に下られて、サバトの日（土曜日）まで大地の底にいらっしゃった。多くの弟子たちは、白衣の天使が御棺の上に立っているのを見て拝んだ。[61]（主は）それから天に昇られ、三日目に御親デウスの右に座られた。[62]そこで生きる人と死ぬ人（の霊）を助けるために、天から三タ・エケレジヤの寺に下られた。夕五カ条成立の祝いの日とは、この時のことである。[63]

第一弟子のペテロが、御功力の門まで（主を）迎えに出られ、主は（三タ・エケレジヤの寺に）四〇日間滞在されて、弟子たちに来世の救済について教えられた。そして、使徒たちに十日間説教され、五〇日目に昇天された。

御母丸やは、天からお告げを受け、七月三日にオリベテ山から御昇天された。

そして、天において御母丸やには御取次の役、主には助手の役が与えられた。また、御親デウスはパアテル（父）、主はヒイリヨ（子）、御母はスヘルト・サント（聖霊）と、デウスは三体となった。尤も、三体というがデウスは一体であるということである。[64]

主の初救済

以前ヘロデに殺されて、コロテル（エデンの園）に迷いこんでいた数万の幼子に、主は名前を授けて天に引き上げられた。また、（主の）御誕生の折の宿主をはじめ、三国の帝王三人、弟子たち、麦作り、水汲みのベロウニカ（ヴェロニカ）、すべての人を天に上げられ、皆一同が天に召し加えられた。

御母丸やは、デウスに向かって「私は、処女の修行をしたので、自分自身を恋い慕って死んでしまいます。仮の夫としてどうぞルソンの国の帝王サンゼン・ゼジュズを助けてくださいませ」と願われたので、御助けによって（ルソンの国の帝王）と夫婦となり位を与えられ、主はゼシウス（イエズス）と命名された[65]。

また、水汲みのヴェロニカは、アネイス・デウ（神の子羊）という位が授けられ、この世の不思議な力を与えられた。

主、役割を与える

三ミギリ（大天使ミカエル）は天秤の役を授かり、ジュリシャレン堂（エルサレム・煉獄）で罪を正して、善人は天国へ通し、悪人は地獄に落とし、また、罪に至った次第によって罪を戒めていた。たとえ善い心を持つ者でも天狗（悪魔）が天国入りを妨げることがある。三ミギリは、それを咎めて長剣で天狗（悪魔）を刺し

出津のキリシタンが先祖代々宝物として保存した十五玄義図
（長崎歴史文化博物館蔵）

て煉獄へ通した。その時に充分後悔すれば地獄に行くことは避けられた。

殺人を犯したり自殺した者は、煉獄から出された後で地獄に落とされ、末世まで助かることはない。気を付けるように。

天国の門番は、三ペイトロ（聖ペテロ）。ここでは門を開けるオラショ（祈り）を唱えて通ること。善悪の吟味・取り調べ役は、三パウロ（聖パウロ）。善のない人は煉獄に通されて、罪の度合いによって三時の間から三三年まで問い正されてその後、三ジュワン（聖ジュアン）の御改めによって、お許しを受けて聖人の取次を得て天国の快楽を受けることが許される。

大天使ミカエルと槍で突かれた悪魔（ルシフェル）
（嶋崎賢児撮影／長崎歴史文化博物館蔵）

黙示録

この世界が滅びるときは、日照り、大風、大雨、害虫など、数々の怠慢が七年間絶え間なく続く[66]。そのため食物は不足して人々が食べ物を奪いあい、共食いをするようになる。その時に天狗（悪魔）が来て、マサンの悪の木の実を様々に変容させて（人々に）食べさせて自分の手下にしようと企む。これを食べた人は、天狗の手下になって皆、地獄に落ちることになる。七年後、三年間は田畑や四方の山々は豊作となり、大豊作遊覧の世となる。この時に悪を棄てて善を行う者は助けられる。また三年たつと、天と地が一度に和して、三ちり島のクロウス（十字架）の木が燃え尽きて、塩水は油となって燃え昇り、草木は火心のようになる。一二ヶ所から火炎や焔がすさまじく昇る。これを見た畜類・鳥類、生きとし生けるものは人間に助けを求めて叫びをあげる。次第に炎が焼け昇り、わずかな時間に焼けつくされて滅びる。焼け跡は一面の白砂となり、その時に聖人がトロンの貝（法螺貝・トランペット）を吹くと、以前に死んだ人間や今焼け死んだ者が残らず現れて、デウスが量りなき御力で人の魂を元の身体と合一し復活させてくださる。

この時に行き惑う霊魂がある。それは、この世で最後の時に火葬された人の霊魂である。それは末世まで迷って、浮かばれることはない。たとえ土葬や水葬で死骸を畜類や魚類に食われようとも焼け滅んでしまっていては元のようにはならない。人

キリシタン墓（外海）

間以外の万物も元に戻ることはない[67]。だからミイラの薬を飲んではならない。

こうしてデウスは大いなる御威光・御威勢を伴って天から下り、道を踏みわけて、わずかな時間で洗礼を受けた者の十字の痕跡をみつけて選別し、人を右と左に分けられる。左に分けられた者はパウチズモ（洗礼）を受けていないため、天狗とともに地獄に落ちて封印される。ここに落ちた者は末代成仏できない。右に選別された受洗者はデウスのお供をして皆天国に入る。そして天国で善の多少によって位を得る[68]。ここで仏となって末世末代、自由自在の安楽の暮らしが出来るという、アンメイ・ゼズス（アーメン・イエズス）。

追記

ここに二人の仲睦まじい友がいた。二人は「君が自分より先に死んだら来世の事を細かく告げてくれよ。自分が先に死んだら三日の内に告げるから」と、互いに約束をした。ほどなくして一人が死ぬと、残った方はとても悲しみ、天に叫び地に伏して嘆き悲しんだ。三日三晩友からの知らせを待った。

三年たったが何の便りもなく、頼みの綱も切れ果てて、焦がれ死のうという時の三年三ヶ月目に（死んだ友が自分に会いに）来た。友は、それはそれは喜んだ。「どうしてこんなに遅かったのですか」と問うと「少しの暇もない」と言う。その顔は変わり果ててあごの下に火がついている。どうしたことかと尋ねると「この火は、フルカトウリヤ（煉獄）の火だ」と言う。

それを聞いた生き残った友は「それならばその火を自分に下さい。私の罪をこの世で焼きつくして二人でこの世を去りましょう」と言う。「いや、この火の熱さは、この世の火の十倍だ、なかなか堪え切れない」と言う。「大丈夫です。是非に」と言うと「それならば望むままに」と言って有り合わせの枯れ木を積み立てて、その中に冥土の火を付けた。炎が焼け昇り、たちまち体は焼け失せて天に昇る道を得て、パライゾ（天国）に行く人々に加わった。三トウス様（聖人）と申される方は、この一人の事である。もう一人の名は明らかでないので略す。[69]

おわりに

以上が、長崎県西彼杵半島の隠れキリシタンが口伝継承した聖書物語である。日本のキリスト教史において、隠れキリシタンとその子孫たち（カクレキリシタン）が紡いできた歴史は忘れられてはならない。禁教・迫害時代（一六一四年～四〇年）、検索・撲滅時代（一六四〇年～五八年）、潜伏・変容時代（一六五八年～一八七三年）というキリスト教弾圧の時代を通して日本のキリシタンたちは先祖の伝承した教えを、隠し守り続けてきた。彼らが必死で守るその教えは、宣教師や教えを導く者がいない中で日本の土着の宗教である古神道や仏教、地方伝説等と和合した。当時、文字として残すことが危険であった『聖書』は、物語りとして口頭伝承された。そこには、当時の時代背景を反映する思想が鮮明に描写されている。

開国後、先祖代々の教えを守り通した隠れキリシタンたちは、待ち望んだ神父が戻ってきたとカトリック教会に属する者たち、自分たちを守ってくれた仏教徒として生きる者たち、そして「はなれ」と別称で呼ばれながら先祖代々の教えを守り続ける者たち（カクレキリシタン）の三グループに分かれた。

宣教師が「奇怪な伝説を交えた、取るに足らないもの」として処分した物語『天地始之事』は、日本のキリスト教信徒が大切に守り伝えてきた信仰の書物、聖典である。異文化にキリスト教が実生化《みしょうか》する形態を研究テーマにしている私にとって、『天地始之事』を現代語に訳すことは、日本人が独自の解釈を加えてキリスト教（一神教）を理解した過程を紹介する試みとなった。

現代語訳によって、より多くの若者たちが日本のキリシタンの信仰を感じ、異文化に根を張り実生化したキリスト教についての考えを深める機縁になることを願っている。

注

［1］キリスト教の天上位階を無視し、仏教の三二相好に対抗してデウスの優越を記述している。

［2］ポルトガル語の音の響きを大胆に転換し、思想的にも自由に解釈している。キリシタン独自の宇宙観が形成されている。コンス、タンチと切断して十二天とする説もある。

［3］天使の長ルシフェル（文中では「じゆすへる」＝サタン・悪魔）の存在は聖書には記述されない。『天地』では、エバを誘惑するのは蛇ではなくルシフェルである。日本では蛇は龍に近しい神聖なる存在であるため、悪魔として伝承されたと理解できる。また悪魔のイメージは、後編に記される「仏」にも重なる。

［4］仏教世界の中心にある須弥山には三三天（神々）が住むという、三は重要な数、シンボリック・ナンバー。

［5］創世記四章一～一二節、アダムとエバの子どもはカインとアベルの兄弟である。『天地』では、ちころうたんほうという男女に変容している。後述のイザナギ、イザナミの兄妹神話へと続く。

［6］『天地』では「エワとアダン」のように女性が先に記される。

［7］表面的には仏教徒（異教徒）として装うことを余儀なくされていた隠れキリシタンにとって、彼らが求めた精神的支えとなる寛大な神（デウス）の像が描かれている。しかし、そのためにタブー（「悪魔（仏）を拝んでも…してはならない」）が課された。宮崎賢太郎『カクレキリシタンの信仰世界』東京大学出版会一九九六年、八一～二頁参照。

［8］いつかは天国に召されるという希望が語られる。また、ここには「原罪」の概念（創世記三章一〇～一四節）は伝承されていない。黒崎地方の隠れキリシタンに伝わった「バスチャンの預言」には、潜伏の苦しみは七代までで、その後は黒い船に乗って伴天連が来日し信仰の自由が得られると、語り継がれた。

春風社の本
好評既刊

哲学・思想・心理

この目録は2018年4月作成のものです。これ以降、
変更の場合がありますのでご諒承ください。

春風社
〒220-0044　横浜市西区紅葉ヶ丘53　横浜市教育会館3F
TEL (045)261-3168 ／ FAX (045)261-3169
E-MAIL：info@shumpu.com　Web：http://shumpu.com

哲学 はじめの一歩 楽しむ／働く

立正大学文学部哲学科 編

何をすれば楽しめるんだろう？ どうして働かないといけないの？ ファッション・人生・幸福・仕事・身体障害・お金などのテーマを切り口に「楽しむ」「働く」ことを考える、高校生・大学新入生のための哲学入門。［好評2刷］

楽しむ［本体1500円+税・四六判・126頁］978-4-86110-541-8
働く［本体1500円+税・四六判・142頁］978-4-86110-542-5

哲学 はじめの一歩

立正大学文学部哲学科 編

「生きる」「〈私〉であること」「心」「行動する」。4つのテーマから〈哲学すること〉へ足を踏み出す。全ての人のための哲学入門。
［全4巻・函入・分売不可］［好評2刷］

［本体3241円+税・四六判・各巻約110頁］
ISBN978-4-86110-459-6

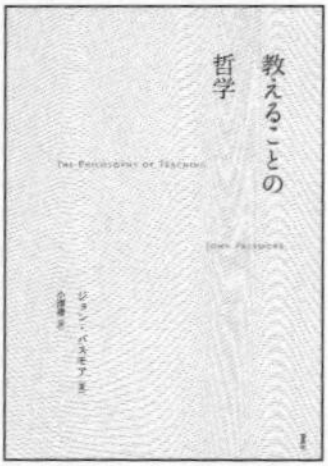

教えることの哲学

ジョン・パスモア 著／小澤喬 訳

教育学・分析哲学の両分野に一石を投じる。多義的で曖昧な「教育」(education) という概念を退け、「教える」(teaching) という営みそのものを哲学的に探究する。国語教育や性教育における応用例も提示。

［本体4100円+税・A5判・484頁］
ISBN978-4-86110-376-6

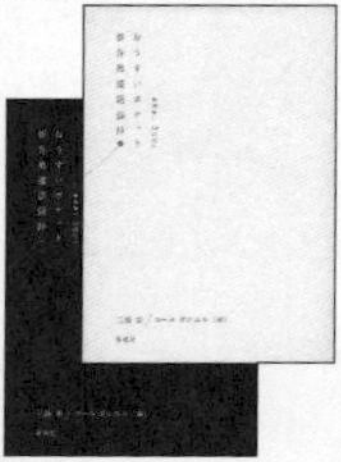

おうすいポケット 新井奥邃語録抄

三浦 衛・コール ダニエル 編

明治大正の“いのちの思想家”新井奥邃。現代日本をうがつ珠玉の語録を全集より精選し、キーワードに語釈を付す。白表紙の巻頭言を池内紀氏、黒表紙を横須賀薫氏がそれぞれ寄稿。語録本文は白表紙・黒表紙共通。

［各巻共通 本体2200円+税・四六変型判・300頁］
ISBN978-4-86110-454-1［白表紙］
ISBN978-4-86110-455-8［黒表紙］

哲学断章

存在・ことば・光

北岡崇

ことば、存在、愛、他者、死……学術論文や記録講演の他、対話体やエッセイやアフォリズムなど、さまざまなスタイルを採りつつ、テキスト研究の自閉性を超えて思索を重ねた哲学の試み。

[本体3700円+税・A5 判・468頁]
ISBN978-4-86110-583-8

鈴木大拙の「日本的霊性」

エマヌエル・スウェーデンボルグ　新井奧邃との対比から

那須理香

「霊性」は人間の心の奥深くに蔵められている「不可思議」な、「魔力」のようなものであるとしている。（本文より）——スウェーデンボルグの神秘主義思想と新井奧邃の神学思想とを比較対象にとりあげ、鈴木大拙の「霊性」の特質とその核心に迫る。

[本体4500円+税・A5 判・372頁]
ISBN978-4-86110-554-8

新時代のやさしいトラウマ治療

NLP、マインドフルネス・トレーニング、EFT、EMDR、動作法への招待

岡本浩一・角藤比呂志 編【東洋英和女学院大学社会科学研究叢書4】

最新の臨床心理学の成果をもとに、PTSDに対するトラウマ治療の手法を、誰でも模倣できる形で提示・実演。自然災害によるトラウマや、職場・家庭におけるパワハラ、セクハラ、DVにも短期間で効力を発揮する。

[本体2500円+税・四六判・360頁]
ISBN978-4-86110-545-6

朝鮮儒学の巨匠たち

韓亨祚 著／片岡龍 監・解説／朴福美 訳

儒学の本質を「生の技術」＝「精神の偉大な作品（＝人間）に関わる熟練した技術」ととらえる著者が、中国、日本の儒学と通底しつつ独自の発展を遂げた朝鮮儒学を、その巨匠たちの思想を辿りながら跡づける。

[本体5500円+税・A5 判・372頁]
ISBN978-4-86110-500-5

●法華経諺解　上／下

ハングル訳注　法華経要解

訳者：河瀬幸夫・金星周
本体各六五〇〇円＋税
Ａ５判　三八四／四三四頁
上 ISBN978-4-86110-549-4
下 ISBN978-4-86110-577-7

1463年、朝鮮王朝の時代に刊行された『妙法蓮華経』中の『法華経』と北宋の戒環著『法華経要解』の中世韓国語による翻訳文と夾注の日本語訳。中・近世の東アジア漢字文化圏における『法華経』理解の精髄。本邦初訳。

●カント伝

著者：マンフレッド・キューン
訳者：菅沢龍文・中澤武・山根雄一郎
本体九〇〇〇円＋税
四六判　一〇三八頁
ISBN978-4-86110-479-4

新たな諸資料を多く取り上げ、通俗的なカント像を打ち破る最も詳細な伝記。幼少期から青少年期にかけてのカントの生活と学問に関する新知見や、ヒューム哲学とカントの哲学との関係についての新解釈も提示する。

話　題　の　本

●人間形成としての教養

ハンガリー、フィンランド、日本におけるドイツ的理念の受容と将来展望

編者：高橋輝暁
本体二〇〇〇円＋税
四六判　二二四頁
ISBN978-4-86110-596-8

「教養」のあり方を、ドイツをはじめとする各国の思想史、教育史、「文化」概念の問題から多角的に考察。獨協大学創立者天野貞祐の教養理念を手がかりに、グローバル化と多文化共生の時代に「人間性」を養うことの意義を論じる。

●巫者のいる日常

津軽のカミサマから都心のスピリチュアルセラピストまで

著者：村上晶
本体三五〇〇円＋税
四六判　四〇〇頁
ISBN978-4-86110-558-6

イタコの消えゆく津軽地方で口寄せを行う、カミサマと呼ばれる霊能者たち。霊能者、依頼者、両者をとりまく地域社会－都心のスピリチュアルセラピストまで射程に入れ、私たちの隣にいる現代日本の巫者の姿を探る。［好評2刷］

[9] 黒崎地方で重宝されている滑石片岩のこと。五島へ移住したキリシタンは石を船に積んで持って行った。世界即郷土という世界観が表現されている。
[10] 日向之高千穂の山頂の「天の逆鉾」になぞらえられている。[ ]の箇所は、『谷川健一著作集一〇』三一書房一九八二年、一六〇頁より補足。
[11] 兄が妹に櫛を投げる箇所は、記紀神話のイザナギ命が、縁を切るため妹のイザナミ命に櫛を投げた黄泉の国での様子に等しい。[ ]の箇所、近親相姦とタブーについて田北氏は触れていない。
[12] 殉教して聖人の位に挙げられた教皇Pope Martyr。バスチャン歴には「ハッパ丸し」と記載されている。
[13] (創世記六章)ノアの洪水物語参照。津波によって島が海底に沈んでしまう「洪水伝承」は、各国に存在する。
[14] ルカによる福音書一章五節~洗礼者ヨハネの懐妊はマリアへのお告げよりも先である事が忠実に物語られる。キリシタンにとって「水役」(洗礼者)がいかに大切な存在として伝えられていたかが理解できる。
[15] ルソンの国(フィリピン)は、当時日本との貿易で栄えていた国。『天地』では、イエスの養父ヨセフは一切登場しない。この個所は「かぐや姫」を想像させる。帝王の名前「サンゼン・ゼジュズ」は、祈りの終わりに唱える「アーメン・イエズス」が転訛したものと考えられている。後に御身(主)が洗礼名を与えられる際、重要となるのが、この帝王の名前である。
[16] 丸やが貧しい大工の娘であり、幼少のころに母に死に別れて、父親の手によって育てられたという説もある。谷川前掲書一九八二年、一六六頁。
[17] びるぜんの行(処女でいる修行)は仏教的な発想でもある。
[18] 黒崎地方では、クリスマス前夜にアベ・マリアの祈りを一二編唱える。これは当時の宣教団体フランシスコ会の形跡、習慣として今日も残っている。
[19] 食事が天から与えられるのは、食物の不自由な生活との関係か、もしくは使徒言行録一〇章一〇節にあ

るペテロに天から食事が与えられたことの応用。
[20] カトリックの正伝では、マリアのお告げを受けた貴族が、三六五年八月五日の朝にローマの郊外に雪の降ったところを発見し、そこにサンタ・マリアの教会を建てている。現教会暦では八月五日が「雪のマリア」の祝日である。
[21] 雪のサンタ・マリアについてはキリシタンの日繰帳にも記されている。そこには「聖マリアの雪殿」とあり、マリアは日本的な「雪」という人名となっている。
[22] ルカによる福音書一章二六節〜。
[23] 蝶は人間の魂の象という考えが古くから伝えられており、日本的な受胎告知の解釈である。
[24] ルカによる福音書一章三九節〜。
[25] ルカによる福音書一章四七〜五五節では、マリアの口からマグニフィカート（讃歌）が唱えられるが、『天地』では丸やの口から「主の祈り」が唱えられる。
[26] 断食（ゼシン）とは、斎戒・断食のことで、キリシタンは、特にその信心行を重視した。
[27] 黒埼地方では、現在でもナタル（生誕祭クリスマス）の前の晩は、牛小屋を掃除して新しい藁を敷いて牛に御馳走をする。
[28] ルカによる福音書二章二一節、割礼と言う習慣がない日本人にとって、この宗教儀礼は理解できないものであったことがうかがわれる。
[29] マタイによる福音書二章一節〜、聖書の記述には占星術の学者たちとしか書かれておらず、人数やその出自も記載されていない。
[30] マタイによる福音書二章四節には「王は民の祭司長たちや律法学者たちを皆集めて（中略）問い正した」とあり、二人という記述はない。イエスを十字架刑に処する総督官が、ポンテオ・ピラトである。マタ

イによる福音書二七章一節〜。

[31] マタイによる福音書二章一三節〜、ヘロデが子供を皆殺しにする計画を伝えるのは主の天使、それを聴くのはヨセフ、そして聖家族はエジプトに避難するが『天地』では養父ヨセフの記述は皆無である。

[32] マタイによる福音書二一章一八節〜二二節。聖書では、無花果の木を呪う話。長崎県生月市根獅子町のカクレキリシタンには「おろくにんさま」伝承の中に麦作りの話が残っている。

[33] マタイによる福音書三章一三節〜。

[34] 洗礼を受けたものは皆天国に行けるという信頼は「普段は仏を拝まされ、神々を祀らされ、踏み絵を踏まされて神を裏切っているとしても、洗礼だけは受けている潜伏キリシタンたち」にとって寛大な赦しの言葉として語り継がれた。宮崎前掲書八七頁。

[35] タボル山については旧約聖書士師記四章六節に記述がある。しかし、この個所はマタイによる福音書四章一節〜「悪魔からの誘惑」とマタイによる福音書一七節一〜九節参照。

[36] 仏教語が適用されている。御法身体は「出家」と解釈される。

[37] 「ばらん堂」は、ローマの四大聖堂バジリカ式建設聖堂の転化。「学匠等」は学問の師匠である仏僧「学匠等（がくじうら）」が固有名詞化した。

[38] ルカによる福音書二章四一節〜（神殿での少年イエス）。四六節「三日の後、イエスが神殿の境内で学者たちの真ん中に座り、話を聞いたり質問しておられるのを見つけた」

[39] 十五玄義図は民衆のキリスト教化のために描かれ、キリシタンが絵解き物語（ロザリオの祈り）として継承し、朝昼晩に分けて祈った。挿絵の十五玄義図は一九二〇年に、アナトール・ヒューゼ神父がヨーロッパから持参し黒崎のキリシタンに託したもの。オリジナルは第二次世界大戦の時に焼失された。この模写図は昭和二三年に長崎市立博物館に寄贈された。

［40］ルカによる福音書二章四二節～（神殿で学者たちと議論をする少年イエス）。少年イエスが「仏教徒」を相手とした宗教論争を行ったという解釈は当時の宣教師の宗論相手が仏教僧であったことを反映している。使徒言行録一七章一六節～では、イエスの使徒パウロが、アテネでエピクロス派やストア派の幾人かの哲学者と討論したことが記されている。

［41］ヨハネの黙示録一四章二〇節を参照。千六百スタディオンは約七五里、三〇〇キロ。

［42］マルコによる福音書三章一三節～（十二人を選ぶ）。しかしイエスは一度に弟子を選び、洗礼を授けて使徒としたのではない。

［43］サンタ・エクレシア（聖なる教会）は教会一般を指すが、ここではローマのサン・ピエトロ大聖堂を指す（使徒ペテロの墓の上に建立されたカトリックの総本山）。聖なる（サン）を「三」という数字で記し、象徴的数字（シンボリック・ナンバー）として伝承した。平たい石が「三ヘイトロ・平とろ（聖ペテロ）」、丸い石は「三タマリア・丸や（聖マリア）」として使用されている。

［44］「死」を意味する「四」が象徴的数字として提示され、皆殺しにされた幼児の数を誇張している。

［45］西方ラテンのキリスト教神学において、イエスの十字架による死は、人間の「罪」の償いの行為（代償説）であり、この贖罪の教義は、救済論として位置づけられ、きわめて重要な教義として継承される（マルコによる福音書一〇章四五節）。

当時の外海地方のキリシタンの間では、貧しいがゆえに赤子の「間引き」が頻繁に行われていた。人々の罪意識は、イエスが日本の貧しい農民や漁民のための贖罪者であると納得させた。

［46］ロザリオの祈りの「悲しみの五玄義」第一図（ゲッセマネの園での祈り）に相当する。

［47］ユダの裏切りについては以下を参照。マルコによる福音書一四章一〇節「わたしと一緒に鉢に食べ物を浸している者がそれだ…」マタイによる福音書二六章一四節～、ルカによる福音書二二章四三節～。

［48］十ダツ（ユダ）が食事をしてはならない断食の水曜日であるのに、掟を守らず普段通り食事を取っている様子から、悪心が募った様子が伺い知れる。

［49］キリストが「和尚」として表現されるのはこの個所のみ。キリシタンの複雑な心理が仮託されている。

［50］マタイによる福音書二七章三節〜。ユダが自殺した場所は「血の畑」と言われている。

［51］ローマ総督ポンテオ・ピラトの名前が二人の家老の名前として伝承されている。注［30］参照。

［52］主イエスの寛大な慈悲の心が説かれ、同時に自殺者の霊だけは救済されないと強調される。これは、隠れキリシタンの間で教義化される。

［53］イエスが捕まるのはエルサレム、ローマではない。地理の知識がないため、地名は間違って伝承されている。

［54］マタイによる福音書二七章二九節では「茨で冠を編んで頭に載せ、また、右手に葦の棒を持たせて、」と侮辱される様子が描かれている。

［55］「三」は象徴的数字。注［4］・［43］参照。聖なる島、聖三位一体の島と訳すこともできる。

［56］十字架をつくる材料となったクロウスの木は宇宙樹（世界樹）の象徴だったと解釈される。

［57］聖骸布をめぐるヴェロニカの話は、聖書には掲載されていない西洋の民間伝承。

［58］この瘡子の話は聖書に掲載されていない。

［59］受難の祈り。ロザリオの祈りの「悲しみの五玄義」を観想しつつ祈った。

［60］盲人の眼を開く話は、マタイによる福音書九章二七節〜。しかし福音書では、信仰が二人の眼を開かせたとイエスは神の栄光の現れを説いた。ここでは曲解されている。

［61］ヨハネによる福音書二〇章一二節「イエスの遺体の置いてあった所に、白い衣を着た二人の天使が見えた。一人は頭の方に、もう一人は足の方に座っていた」

[62] イエスの昇天は、復活後の四〇日目であり、三日とは、死後復活までの日数である。日数の混入が見られる。
[63] 夕五カ条の復活の祈りは「栄光の五玄義」にあたる。祈りの成立を祝う日とされる。
[64] 三位一体の教義の説明。しかし、御母マリアが聖霊の役目というのはキリシタン独自の誤解釈である。
[65] キリシタンの間では、洗礼の際に、抱き親の洗礼名をもらう。イエスは、御身様、御主と呼ばれており、名前（イエズス）を得たのはこの時である。注［15］参照。
[66] 黙示録においては数字の「七」が災いを意味する象徴的数字として使用されている。
[67] この教えが伝承されているキリシタンの間では、死者の火葬は許されなかった。
[68] お授け（洗礼）の儀式（洗礼時に額に十字を指で記す）がキリシタンにとっていかに大切な宗教儀礼であり、その儀式における痕跡が大切な「救済」の基準とされていたかが窺える。
[69] 「追記」は後日に追加された文章、キリシタンに死後の世界観が提示された。「煉獄」が熱く苦しい場所であると表現され、日本仏教の灼熱地獄の思想が融合されている。

第七章　キリシタン神学の可能性——『天地始之事』を巡って

はじめに

長崎の潜伏キリシタンが口頭伝承した聖書物語『天地始之事』を現代語に試訳したことを通して、キリシタンの信仰が日本に実生化したキリスト教の一形態として神学・宗教学的に評価されるべきものと確信した。『天地始之事』は、日本のキリスト教史において民俗・民間伝承として民衆の間に根付いた「信仰の形」、つまり表象的テキストとしての役割を持つ。

片岡は「天地始之事は、現代人の想像を絶する厳しい弾圧にも屈せず、祖先伝来の信仰を守り続けようとした人たちの間から、教会も指導者もなきままに世々七代を数える潜伏期間に生まれた異色のキリシタン書というべきものである」と評している[1]。そこで本章では、日本人が歴史的・社会的・文化的な文脈において西洋キリスト教をどのように捉え、関係づけ、意味づけて受容し、彼らの独自の神学を構築するに至ったかを考察する。

キリシタン墓
松川隆治氏説明

一　キリシタン研究の方法論

現在までに行ったカクレキリシタンの現地調査は、長崎生月の根獅子、西彼杵半島の外海、大阪の茨木の三ヶ所であるが、それぞれのグループには各々の特徴があり一概に「カクレキリシタン」と総称することはできないことを学んだ。しかし、宮崎賢太郎（一九五〇〜）による、次のカクレキリシタンの定義には同意する。

カクレキリシタンとは、明治六年に禁教令が実質的に撤廃され、信仰の自由が認められたにもかかわらず、カトリック教会とは明確に一線を画し、禁教下の潜伏時代を通して先祖代々受け継いできた信仰形態を今に伝えている人々をいう。その組織、運営形態は宮座、頭屋制に酷似し、オラショや行事など儀礼面では今でもある程度までキリシタン的要素を残しているが、三七〇年余にわたる指導者不在によって教義的側面はほとんど忘却され、日本の諸宗教に普遍的にみられる重層信仰、祖先崇拝、現世利益的な性格を強く取り込み、キリスト教とは全く異なった日本の民俗信仰となっている。[2]

数回の現地調査を通してキリシタンの辿った苦難の道を巡り、幸いなことにその度にキリシタンの子孫の語りに耳を傾ける機会を与えられ、信仰者の体験や信仰内容、並びに価値観までも共有させてもらった。この得難い体験から、キリシタンの潜伏時代の信仰物語『天地始之事』が彼らの実体験に基づくものであることを理解することができた。

そこで今回は、長崎県西彼杵半島外海、五島地方から発見された『天地始之事』を教義書と位置付けて、神学的に分析することを第一の目的としたい。その上で価値評価に立ち入らないことに気を配りつつ、そこに内在する信仰を分析し、その意味を解釈することを第二の目的とする。そして、文化の次元に根を下ろさない宗教は存続できないという説を踏まえ、外海キリシタンの現在を宗教と文化の両次元から総合的に考察する。

二　『天地始之事』について

外海キリシタンの歴史概略

外海地方の出津は大村純忠《すみただ》（一五三二〜八七）の領地に存続し、一五七〇頃カブラル神父（Francisco

Cabral 1529-1609）一行によりキリスト教が布教され、藩主純忠が日本で初めてのキリシタン大名になったことからキリシタンの歴史は始まる。純忠の息子、吉前《よしあき》（一五六九～一六一六）は一六〇五年に背教、その後死亡している。後を継いだ純頼《すみより》（一五九二～一六一九）の時勢から外海地方はキリシタン迫害時代に入る。当時出津地方は、殿様をはじめ住民のほとんどがキリスト教徒だった。出津地方は、長崎に比べて小藩の一部であり、交通の不便さが幸いして厳しい迫害には遭わなかった。一六二九年に三名の神父が殉教し、翌一六三〇年から外海地方にも迫害が始まる。その後二五〇年近く、キリシタンは隠れて信仰を守ることになる。

　外海地方に伝わる「バスチャン様」とは、迫害期に人々の信仰の礎になるようにと、太陰暦によるキリシタン暦を伝えた日本人伝道師である。[3] 彼が伝えた暦は「バスチャンの日繰り」として一六三四年より伝承され、人々はこれに基づいて祖先伝来のオラショ（祈り）、パウチズモ（洗礼）、結婚の秘跡、コンチリサン（痛悔）の祈りを唱えて儀礼化し、信仰共同体を形成して団結した。[4]「バスチャンの日繰り」は、隠れて信仰を守る人々の結束を固める原動力として機能していた。また、殉教したバスチャンが伝えた以下の四つの預言を、潜伏キリシタンは後代に伝え続けた。

1．コンヘソーロ（聴罪司祭）が大きな黒船に乗って来ると、毎週でも告解（赦しの秘跡）

をすることができる。
2．どこでもキリシタンの歌をうたって歩けるようになる（信仰の自由）。
3．七代までわが子と見なすが、その後は救霊が難しくなる。
4．キリシタンが優位でゼンチョウ（異教者）が道をゆずる。

日本公教会再興の一大偉業とされる「キリシタンの復活」は一八六五年プチジャン神父（Bernard-Thodee Petitjean 1829-1884）が長崎大浦天主堂の聖母像の前で、二四〇年間潜伏し続けた「潜伏キリシタン」との劇的な出会いを果たしたことに始まる。それから、プチジャン神父の宗教教育が開始された。プチジャン神父が外海の小浜海岸に上陸したのは、同年九月のことであり、夜中に三〇人ほどの出津の潜伏キリシタンたちが、キリシタン古老バスチャン重三屋敷で出迎えた。当時、出津には二〇〇戸近くのキリシタンが存在していたという。この訪問は、結束していた潜伏キリシタンを、改宗してカトリックになり「復活」する者と、「離れ」る者とに分断した。復活した者たちにはさらなる苦しみと拷問が待っていた。時はまだ、キリシタン禁制の時世だったからである。神父の到来に嬉々とした「神父派」はパライゾに行く確信を得たかのように覚悟を決め、確固たる信仰を表明し、拷問され、各地に配流され、棄教を強いられた。出津に信仰の自由が訪れたのは一八七一年だった。

一八七九年に赴任したド・ロ神父（Marc Marie de Rotz 1840-1914）は出津教会を建築し、初代主任祭司となる。神父は当時、極貧の中で子供の間引きが制度化していた外海の人々と苦悩をともにした。救助院におけるソーメンやパン作り、機織りをはじめ、農園の開拓、医療など、数々の福祉活動をおこなった。一八九〇年、遂に信仰の自由を得る。この外海の地から二名の日本人枢機卿、多くの司祭、シスターが誕生し、世に送られた。外海は日本のカトリックのルーツと呼ばれる所以である（現在でも人口の半分がカトリック信者である）。

他方、プチジャン神父を信用せずに「離れ」たグループがカクレキリシタンのグループである。その理由の一つが「野中騒動」といわれる、伝来秘蔵の聖ミカエルの絵と十五玄義図の絵[5]を庄屋が持ち出し、奪い合いになった事件である。以後、神父派と「離れ」のグループとの対立は深まっていく。和睦は何度か試みられたが、関係が修復されることはなかった。カクレキリシタン（離れ）がカトリックに復活しない理由はいくつか考えられている。

一．野中騒動による「神父派」への不信感、二．今まで世話になった旦那寺（天福寺）に対する恩義（ゆえに寺離れしない）、三．寺を離れても、教会には戻らない、四．先祖代々の教えの正統性を主張。

聖像は、潜伏キリシタンの人々が皆で隠し守ってきた宝物であり、それが盗まれたとなっては「霊魂の救い」に関わるというのが騒動の真意でもあった。代々、家々を廻し隠し持ってきた聖像を勝手に持ち出されたとなれば、それまでの信頼関係が崩れたことをも意味する。また、先祖が守り通した教えや洗礼の有効性を、神父に否定されることは、彼らの誇りが許さなかったようだ。問題となった二つの聖画は、その後出津教会に保存されたが、第二次世界大戦中の爆撃により破損された。現在はその複製が長崎市立博物館に収められている。[6]

『天地始之事』内容整理

『天地』は、外海・黒崎地方の潜伏キリシタン(隠れキリシタン)とその子孫たち(カクレキリシタン)が現代まで伝え続けた貴重な伝承である。彼らが継承したキリスト教は決して異端ではない。[7]『天地始之事』は一五の題目に分かれ、三部(旧約・新約・黙示録)構成の神話的世界観を展開している。また聖書に述べられている記述に加えて伝承的に変形したものとが混合し、中には自己流に連想され解釈されたものや、ことばの誤った解釈もある。[8]

内容は五部構成と考える。[9]

一部
①天地の始まり
②悪の実、中天に追いやられる

二部
③神、人類救済のために分身を世に送る
④ルソン国の帝王の死
⑤サンタマリアの受難
⑥朝五カ条の祈り

三部
⑦ヘロデ、国内を吟味する
⑧主、捕えられる
⑨主、連行される
⑩金に目がくらんだ盲人の話

四部
⑪信条
⑫主の初救済
⑬主、役割を与える
⑭黙示録

五部
⑮追記

第一部（①〜②）は旧約聖書の「創世記」に記されている天地創造の物語、人間の創造、悪魔ルシフェルの悪だくみ、楽園追放、洪水伝承、悪の増大が物語られる。第二部（③〜⑥）は新約聖書と民間伝承が混合する。サンタ丸や（マリア）の出生、求婚話、両親からの勘当、受胎告知、処女懐妊、エリザベト訪問、御子の誕生、三人の博士の訪問等、聖母マリアを中心とする物語が繰り広げられる。第三部（⑦〜⑩）では、御身（御子イエス）の生涯が中心となる。

神殿のキリスト、幼児虐殺、ヘロデにより追われる母子、仏教徒（博士たち）と議論する少年時代、弟子の獲得、十ダツ（ユダ）の裏切りと自殺、ゲッセマネでの苦しみの祈り、逮捕、拷問、十字架への道、磔刑。第四部（⑪〜⑭）は、復活・昇天（イエスと命名）、マリアの被昇天、世界の滅亡である。第二部から四部（③〜⑭）は、聖母十五玄義図に順じて物語が進められる。そして第五部（⑮）は、後世に追加された物語（死者の訪問・煉獄の火による死）である。

『天地始之事』の原典や成立過程などは、ほとんど明らかにされていないが、成立期は一七世紀後半頃ということが先行研究によって明らかにされている[10]。

神学的省察

「神学」とはラテン語では Theologia つまり Theos（神）について語る Logos（ことば）である。その意味で神学とは基本的に「神についてどのように語るか」という意味である。そこでまず『天地始之事』（以下、『天地』と略す）を伝承した潜伏キリシタンが捉えた「神」を考察し、神の本質に関わる神秘としての創造、受肉・託身、贖罪の磔刑（十字架）、復活、三位一体について考察する。次に彼らが信じ、語り、守り継ぐことによって展開され、伝承された世界観を考察する。それは人間の「救い」に関わる諸々の神学的考察だからである。

信仰の対象

神デウス（題目の①）

『天地』において、神はデウスとして語られる。田北耕也は用語の頻度について記し、一神教的性格が保持されていることを強調している。

全篇を通してデウスという言葉が四三回、デウスと同意の「おんあるじ」が二三回、計六六回。…これは神の支配が世界と人生とを一貫しているという信仰の表現であり、多神教とも汎神論ともシンクレタイズしなかった証拠である。[11]

私は、キリシタンがデウスという宣教師が伝えた言葉の音をそのまま引き継いだことに、重要な意義を見出す。キリシタンは神道の「カミ」や仏教の「仏」、または神仏習合の「神仏」という言葉と区別し、あえてデウスという抽象的な名前を伝承した。しかしながら、このデウスは「天地の御主」「人間・万物の御親」「太陽のようなもの」として語られており必ずしも超越的な絶対者としては把握されていない。『天地』におけるデウスと人間の関係は、多分に親密な親子関係である。デウスの留守中にルシフェル（悪魔・仏）[12]を拝した事を、後悔する人間に対して、デウスは寛大にもその過ちを許す。しかしその後、禁断の木の実を食べた人間をパライソ（天）から地上へと追放する。デウスとの約束を裏切ったことを悔いて挽歌を唱える人間に対して、デウスは「後悔のオラショ（祈り）を四〇〇年続ければ、またパライソ（天）に戻そう」と仰せになる。このようなデウスの慈悲は、地上に追放されて飢えに苦しみ祈る人間にも注がれる。デウスは籾の種を与えて人間を飢餓から救う。

このように、『天地』で伝えられるデウス（神）は、裏切ろうとも悔い改め、懺悔する人間には徹底して救いの手を差し伸べる「寛大な神」として解釈されて伝承された。そこには、親子の関係、「呼応（call and response）の関係」が認められる。表面上は仏教徒の檀家として「仏」を排し隠れて生きのびることを余儀なくされた潜伏キリシタンたちにとって「許しの神」がどうしても必要であった。ここに潜伏キリシタンの偽らざる心境が反映され、開示され、伝承されたことの意義が認められる。

創造（題目の①）

『天地』において、デウスは「天地の造り主」として語られる。この語りは、現代のカトリックとプロテスタントが共に継承するキリスト教の「使徒信条」の第一節に相当する。[13]

潜伏時のキリシタンにとって告白すべき神は「天地の造り主」であった。初めに神デウスは十二の天を創造する。そこには煉獄（リンボー）やエデンの園（コロテル）、極楽（パライソ）が含まれている。[14] 次にデウスは自らの「息」を吹き入れて人を創造し、七日目を安息日としたことが物語られる。その後、男と女（アダンとエワ）はルシフェル（天狗）にそそのかされて、禁断のマサンの実を食べてしまう（そそのかす悪物が「蛇」ではないのは、「蛇」が神道においては「神の化身」とされる尊い化身であるため、ではないかと私は考えている）。デウスの命令に背いた人間はエデンの園から追放される。デウスは、血の涙を流して後悔して許しを請う人間に、四〇〇年の間、後悔を続けるのであれば、その時にパライソに戻そうと約束する。

人間は誕生の時から罪をもって生まれる。それは、人類の始祖の罪に由来する。旧約聖書「創世記」によると、アダムとエバは神に背いて罪を犯したが、罪を悔い改めることをしなかった。この「原罪」は、その後、数千年を経た後に、御子イエスの十字架による贖罪死によって贖われる。この原罪説とキリストの贖罪死は、キリスト教の「救済」の教理の中心的なテーマである。[15] キリスト教信徒にとって、イエス・キリストがご自身を私たち人類のために贖いの代価として捧げて下さったことにより人間の罪は赦されているという信仰は「救済」の根拠であり、安心して救いの中に生きることができるという「希望」の根拠でもある。[16]

ところが、『天地』で語られる創造神話には、罪を悔いるアダンとエワに対して、その子孫への救済は約束されたものの、「原罪」は御子の受肉や贖罪思想に関連付けられていない。キリシタンにとって、先祖の犯した罪は自分達が懺悔しつづけることによって赦されたのである。ということは、潜伏時代を生きたキリシタンは自分たちの罪を懺悔する姿とデウスに赦しを請う先祖の姿とを重ね合わせて伝承した、ということだ。ここにキリシタン独自の救済の構造を窺い知ることができる。

受肉・託身（題目の③）

『天地』では、デウスとの約束を破ったことにより地上に追放されたアダンとその子孫らは、その後増え続け、ただ生まれては死んで地獄に落ちていった。デウスはこの悪循環を憐れみ人間を救うために、自分の分身として御子を地上に送られたと、受肉・託身の思想は物語られる。先に述べたように、神の自己分与（受肉・託身）物語では「人間の罪を贖うために御子を世に送る」というキリスト教の受肉思想は見られない。ここで物語られる神デウスは、人間を地獄に落とさず救済しようとする「憐れみ深い神」として解釈されている。

伝統的な神学の思想においては、イスラエルの神である「隠れた神」の自己啓示はイエスの

「受肉」の出来事の特殊性によって決定的とされる。「隠れた神」の本質は、まさに「受肉の出来事」において物語られる。神の顕現をイエス・キリストに見ることが神の神性を真に認識することになる。この観点だけからすれば、キリシタンの伝える神の受肉・託身思想には重大な欠落があることになる。しかし、他方、著名な中世スコラ哲学の研究者である稲垣良典(一九二八〜)が、トマス・アクィナスの「神はなぜ人となったのか」という問いに対して「自己を他者に分与することが善の本質側面であり、したがって最高善である神に適合するのは最高の仕方で自己を被造物に分与することである[17]」と述べている内容から察すれば、キリシタンの伝える神の受肉・託身思想があながち間違った解釈であると断じることもなかろうと思われる。

贖罪の磔刑（題目の⑦—⑩）

この世に王が誕生したという知らせを聞いた帝王ヨロウテツ（ヘロデ）は自分の帝王としての地位を危ぶみ、四四四四〇人の幼子の命を絶つ。イエスは、数多くの幼子の命が絶たれたのは自分のせいだと考えて苦しみ、苦行をする。そのイエスのもとにデウスの声が下る。それは、死んだ数万の幼子が天国に入れるように責め虐げられて苦しんで死に臨むように、つまり幼子の死の責任をとって「身代わりとなれ」という命令であった。そしてイエスは十ダツ（ユダ）

の裏切りによって捕らえられる。

外海地方では、極めて貧しい生活の中で子どもの「間引き」が暗黙の了解として制度化していた。[18]自分の子を殺さなければならなかった親の苦悩、苦痛ははかり知ることができない。自分が手をかけて死んだ子の身代わりとなってイエスが殺され、代わりに子は救われて天国にいると解釈することは、子のみならず彼ら自身の救済にもなりえた。イエスが救済者として子どもたちのために贖罪の死を遂げたという物語は、キリシタンである庶民の間に説得力をもって「救済の物語」として語られた。そこではイエスは救済者として認められ、伝承された。[19]

復活（題目の⑪）

「セスタの日（金曜日）に主は大地の底に下られて、サバトの日（土曜日）まで大地の底にいらっしゃった。…三日目に御親デウスの右に座られた」。

キリスト教が世界宗教になりえたのは、救世主イエスの復活の出来事を「信仰の真理」と信じたからである。ドイツの神学者カール・バルトが、復活は信仰によってのみ知りえる神の啓示行為であると説いた。キリシタンは救世主イエスの復活の出来事を誠実に伝承し、自分たちの来世の姿と重ね合わせて永遠の命によみがえるという希望を持ち、救済と関連付けていた。

三位一体（題目の⑪）

神は「三位一体」として啓示される。三位一体の神とは、神が実体において唯一でありつつ、父と子と聖霊の三つの位格（ペルソナ）において存在するということを意味する。この「三位一体の神」という考えは、『聖書』における神の啓示に対する信仰に基づいている。神の本質が「一」であること、その一なる神において三つのペルソナである御父、御子、聖霊が実在的に区別されるということが信仰告白の重要な内容となっている。

『天地』においてもデウスの位格（ペルソナ）は父と子と聖霊である。「御親デウスはパアテル（父）、主はヒイリヨ（子）、御母はスヘルト・サント（聖霊）であるが、…デウスは一体」であると語られている。しかし、キリシタンは御母マリアを第三位の「聖霊」として崇敬する。御母丸や（聖母マリア）が「聖霊」として三位一体の中に位置づけられることは、正統なキリスト教教義の観点からは疑問視されることになる。けれども、三位一体とは、根と木と実がそれぞれ三つであり同時に一つであると説明されるように、聖霊は決して文字どおりに聖母マリアではない。キリシタンにとって御母の存在がいかに重要であったか、十分に伺い知ることができる。聖母マリアと聖霊については後述する。

語るべきもの（神話・伝承）

潜伏キリシタンには、自らの信仰が神道とも仏教とも異なることを明らかにして、自らの信仰を子孫に継承させる必要があった。そこで強調されたのが、一．自分たちが住むこの場所が「地上のエデン」であるということ、二．この「地上のエデン」に「救い主」が誕生すること、三．自分たちキリシタンは必ず天国に迎え入れられるという「救済の希望」を子孫に語り伝えること、であった。こうして『聖書物語』は、潜伏キリシタン自身の救済の希望の物語として、彼らの信仰を保障する救済史として語り継がれた。

地上のエデン

デウスとの約束を破った人間は下界に追放され、降り立った場所は「黒崎の大地（外海《そとめ》地区）」であると語られる。つまり、キリシタンは自分たちが住む「黒崎」こそが、デウスから与えられた「世界郷土」であると認識した。キリシタンは創造の神秘（信仰によってのみ肯定される神秘）を伝承していたと解釈できる。この信仰ゆえに、自分たちの先祖とデウスとの約束は四〇〇年後に必ず果たされると信じて命を繋ぐことができた。それはつまり四〇〇年後には先祖の過ちは取り消され、天国に入ることを許されると信じて救済の希望が紡がれていたということである。殉教者バスチャンが残した預言の一つ「四〇〇年、後悔を続ければパライソに戻れる」というデウスとの約束は、デウスの愛が自分たちキリシタンに向けられているという確信となって、救済史的に伝承されたのだ。だからこそ、キリシタンは生き延びる道を選択してきたと考えられる。キリシタンは「後生の助かり（来世の救済）」という希望の教えを伝承し、生きつづける糧（力）としてきた。

旧約聖書「出エジプト記」に、エジプトから脱出したイスラエル民族が唯一神によってカナンの地を与えられるという土地取得の出来事が記されている。この物語は、神とイスラエル民族の約束事、神の自己証示として重大な意味を持つ。選民思想とは、自分たちこそが選ばれた民であるという信仰に基づく思想であるが、決して特権階級として選ばれたことを誇る思想ではない。それは自分たちが神の永遠の計画と目的に従って導かれているという信仰であり、救いの恩恵性と確かさを信頼し、委ねるという思想である。

潜伏キリシタンも同様に、先祖たちが神の摂理に従って救われていると信じた。[20] 自らの生きる大地が選ばれた場所であり、自分たちは選ばれた民であると認識する信仰のゆえに、信じがたい苦難にも耐える力が発揮されたと考える。また、彼らの選民思想的な信仰は、信仰共同体を形成するための十分な根拠になりえたと考える。

聖母マリア

『天地』の約三分の一（題目の③～⑥）は、丸や（マリア）についての物語である。これは、キリシタンの間で「聖母マリア」がいかに重要な人物として位置づけられていたかを示す。潜伏キリシタンは「びるぜん・丸や（処女マリア）」を信心深い信仰者の規範として、「母」という身近な存在として、そして「救世主の母」として崇拝の対象と捉えていた。

丸や（以下マリア）は身分の低い娘で勉学に秀でており、天からのお告げに殉じて「処女の行」を積んでいたと物語られる。そこに、ルソン（フィリピン）の国の帝王（サンゼンゼジウス）が求婚に訪れるが、マリアはこれを断る。窮地に陥ったマリアに天から花車が降り立ち、六月暑中だというのに雪が降る中、花車に乗って天に逃れる。そこでマリアはデウスからのお告げにより「雪のサンタ・マリア」と祝される。[21] 地上に戻ったマリアは天女のごとく、天使ガブリエルのお告げにより、聖霊によって懐妊する。その場面は蝶がマリアの口に飛び込むことで御子を授かるという美しい描写で語られる。その後マリアは、叔母のエリザベス（洗礼者ヨハネの母）を訪問し、安倍川で出会う。胎内の子どもたちが踊り、彼等が後に完成したのがアヴェ・アリアの祈りであるとされる。

その後の展開は実に現実的である。マリアは未婚で懐胎したことによって両親から勘当され、苦難の旅に出る。そして一人旅の途上、二月中旬の大雪の降る日、ベルン（ベツレヘム）の牛小屋で主（イエス）を出産する。

『天地』において、マリアの処女性と母マリアを「聖母」として崇拝するローマカトリック教会の慣習は踏襲されている。しかしながら『天地』には、マリアが「神の母（テオトコス）」[22]であるという神学の教理を把握する描写はない。どちらかというと、後半になるにつれ、神の受肉・託身の教理はうすれ、イエス（主）は「神の子」、マリアは「子の母（クリストトコス）」として物語られる。デウスは、天からマリアやイエスを召し寄せたり、声を下す。あたかも地上ではデウス、イエス、マリアは別々の位格であるが、昇天した後にマリアには取り次ぎの役、イエスにはデウスの助手という役が与えられてデウスと一体化され、やがて三位一体の教義が形成されたという語りになっている。ここに聖霊とその働きによって身ごもったマリアの同化が認められる。

救済主イエス

長崎の潜伏キリシタンは「十五玄義図」を大切に守り続けてきた。これは、民衆のキリスト教への教化を目的に描かれ、キリシタンはそれを絵解き物語（ロザリオの祈り）として継承した。

五つの「喜びの玄義図」を「朝五カ条の祈り」、五つの「悲しみの玄義図」を「昼五カ条の受難の祈り」、五つの「栄光の玄義図」を「夕五カ条の復活の祈り」として、キリシタンは各々の場面を観想しつつ、朝昼晩に分けて祈っていた。救世主イエスについてもマリアと同様、十五玄義図にほぼ忠実に従って伝承された。

三 『天地始之事』とキリスト教の実生化

『天地』を伝承した外海地方のキリシタン民衆は、この口承テキストに彼ら独自の解釈を加えることによってそれに基づいた儀礼を育み、自分たちの身近な経験として後世に伝えた。紙谷は、キリシタンの儀礼と神話の意義について以下のように語っている。

実生化

潜伏生活をおくるキリシタンにとっては、弾圧の危険を犯してもこの信仰を守る必要があるのか、また、彼らの行う儀礼は仏教徒の儀礼とは何故異なっているのかという疑問は絶えずキリシタンの前に存在した。キリシタン信仰の存在意義を明らかなものとする神話が必要だった。…自分たちと周囲と異なる祭儀生活を明確に説明する神話こそ、生きる糧であった。[23]

だからこそ、潜伏時代のキリシタン民衆には、自分たちのための救済史物語として『天地』を自らの生活に関係づけ、意味づけて、伝承させなくてはならなかった。潜伏キリシタンの信仰は個人のものではありえず、常に集団のものとして守られた。彼らは常に「宗教集団」として生活し、「宗教的共同体」として生活した。信仰を同じくするキリシタン民衆は相互に依存し、相互扶助の協力関係を築いて、相互規制の社会関係を保持した。このように信仰が集団によって独自に持続、継承されたという点に、私はキリシタン信仰のローカルな意義があると考えている。次に潜伏時のキリシタン民衆がその宗教集団的な社会的生活において育んだ秘跡についで考察する。

社会的集団の中で実践し、育まれたもの

コンフラリア

『天地』が伝承された長崎の外海地方、そして外海から移住した人々が住みついた五島列島

において、キリシタンが潜伏しつつ信仰を保ち続けることは、宗教集団としてのコンフラリア（共同体）なしには不可能であった。コンフラリアとは潜伏時代に入る前に宣教師の指導によって組織された一般信徒による宗教組織である。潜伏時のキリシタンは個人で信仰を育てたのではなく、信仰共同体の中で、かつ生活共同体の一員として信仰を育てたに違いない。コンフラリアという信仰共同体は建物としての教会ではなく、精神的な教会として機能した。そしてこの組織を支える拠り所となったのが『天地』だった。

パウチズモ（**題目の⑤**）

カトリック教会は目に見えない神の救いの恵みが、目に見えて確かなものになることを「秘跡」として宣言した。七つの秘跡とは、洗礼（バプテスマ）、堅信、聖餐、告解、終油、叙階、結婚である。[24] 洗礼とはイエス・キリストの救いを受けて新しく生まれ変わり、聖霊が下ると信ずることであり、その際の儀式には「水」が用いられる。「水によるバプテスマ」とは、聖霊によるバプテスマが目に見える形として現臨することを表す。

『天地』において、特に強調されている秘跡の一つがパウチズモ（洗礼）である。キリシタンは、神デウスが定めた救いの道としてのパウチズモの秘跡を儀式化して子孫に継承した。『天地』

では、マリアとイエスがヘロデ大王からの追手から逃れて辿り着いたのが、パウチズモの大川であると物語られる。そこで二人は、三ジュアン（聖ヨハネ）に出会い洗礼を授かったイエスは、悪人の来世の救済のために水を分け「その川の裾で洗礼を授かったものは、皆パライソの快楽を受けることができる」と宣言する。『天地』では、パウチズモを授かった者は皆来世の救済が与えられるという救済の希望が説かれる。神デウスは悪人であろうとも来世の救済の道を示すという、いかにも浄土真宗の開祖、親鸞上人（一一七三～一二六三）の説く「悪人正機説」と比較されうる。[25] しかし、決定的なキリシタンとしての判断基準が伝承される。それはパウチズモ、すなわち洗礼の儀式を授かることが、救いへの道の前提とされている。

キリシタン弾圧時代に、生きのびるために仏教の檀家制度に組み込まれたとはいえ、デウスを裏切っているという後ろめたさの中に生きていたであろうキリシタン民衆にとって、生前にパウチズモを授かっているという事実が、神デウスの前での自己正当化であり、現世における魂の救済（現世利益）を得ていることでもあった。また、パウチズモを受けているアニマ（霊魂）はパライソ（天国）に行くことが保障されているという確たる安心感は、寛大なデウスの慈悲によって天国入りの切符を手にしているという「来世における救済」の確信となっていたとも考えられる。『天地』において語られる「現世における安寧」と「来世におけるアニマの救済の保障」は、潜伏キリシタンにとって、厳しい弾圧を乗り越える力となりえた。パウチズモによる救いの教えは、彼らの「希望」となっていた。

地上でイエスに洗礼を授けた三ジュアンは、外海では重要な役割を持った聖人「サンジュアン様」と呼ばれて崇拝された。[26] 洗礼の秘跡は、「お授け」の儀式として継承された。潜伏キリシタンの信仰生活を支えたのは、帳方（バスチャン歴を伝承し、年間の祝日や宗教行事を伝える役目）、お水方（洗礼を授ける役目）、取次役（妨げになる日を触れまわる役目）の「三方」であった。「お授け」を授ける役目を担った「お水方」による洗礼儀式は、今日まで最も重要な儀式としてコンフラリアの中で実践、継承され、育まれた。

救済の経験（宗教体験）

殉教したバスチャンが伝えた四つの預言は、キリシタン民衆によって後代に伝え続けられた事を前述した。その一つが「コンヘソーロ（聴罪司祭）が大きな黒船に乗って来ると、毎週でも告解をすることができる」という預言だった。この預言は、潜伏キリシタンの信仰を支える大きな糧となっていた。黒船の来航、そして待ちに待ったパードレ（宣教師）の姿を目にした時のキリシタン民衆の喜びは、はかり知れないものであったと想像される。

キリシタン信仰共同体にとっての「救済の経験」とは、先祖から語り継がれた預言や『天地』の内容が、この現実世界において自分達の身近な体験として表出されることだった。貧しさゆえに子を殺さなくてはならなかった親の呵責と子の苦しみを、『天地』ではキリストが担ってくれたと物語る。また、キリストを裏切って引き渡した十だつ（ユダ）に対してキリストは「自殺さえしなければ助けた……」と言ったと物語られる。潜伏キリシタンらは、十ダツと自分たちを重ねただろう。彼らもまた洗礼を受けたにもかかわらず、表向きは仏教徒の檀家として生きのびている。潜伏キリシタン民衆は自他を裏切ることによってしか生きられない身でも「自殺さえしなければ赦してもらえる、救われる」との期待を胸に、神デウスを信じ、神デウスに希望を託して生きた。この信仰の上に自殺さえしなければ死後のアニマ（霊魂）は救済されると理解され、自殺がタブー（禁忌）であると伝承された。

ドイツの神学者パンネンベルグ（一九二八〜）は信仰について次のように述べている。

聖書の神によって、人間生活の負い目と責任を、以前には知らなかった深みにおいて経験できるようになるということは、当然のことながら、次のようなしるしの一つである。つまりそれは、この神によって人間の生活現実が包括的に解明され、… そこにおいてキリストの啓示の真理が実証される、というしるしの一つである。…大切なのは、わたしたちの現実全体が、イエスの運命と彼のうちに啓示された神によって、その他の方法では到達しえない広がりと深みにおいて開示され、そして経験されるようになることである。[27]

キリシタン信仰共同体の中では、悔い改めや励まし合いが、お互いの傷をなめ合うようにして行われていたように想像される。したがって、彼らの宗教体験とは、信仰共同体の中で神デウスの慈悲をひたすら請い願い、いつかは赦されるという希望を紡いでいくという体験であり、信仰と希望の物語は次第に構造化され、実生化されていったのである。

キリシタンと民衆神学

一般的にキリシタンに対する評価は低く、しばしば潜伏期のキリシタンが形成した独特の信仰形態は「キリシタニズム」と呼ばれ、その中の宗教混迷（シンクレティズム）的要素が否定される。また「民間信仰」の枠組みからも外れた極めて特殊な信仰集団として否定的に位置づけられた。[28]

特に、カトリックの立場からの理解では、過酷な弾圧に信仰を持って立ち向かい殉教した人びとが「正統」な信仰者と位置付けられるのであれば、信仰を棄てた者は「背教者」として蔑まれる。しかし私は日本の潜伏キリシタンをその「間」の立場にある集団として位置付ける。彼らは信仰を隠し、隠れ、苦しみつつ生きるという道を選択した集団だ。この「隠して」「隠れて」「生きる」道を選択した潜伏キリシタンの信仰に、私はキリスト教が日本に実生化した姿を見出す。シンクレティズムは民衆の信仰と文化形成の視点からみれば、否定的ではなく肯定的に考察されると私は考えている。ちなみに言えば、たとえば古橋昌尚（清泉女学院大学教授）はフィリピンのキリスト教組織神学者ホセ・デ・メサの神学的解釈学を紹介しつつ、キリスト教を独自の文化において解釈する必要があると論じている。

デ・メサは神学とは決して「ふるさと」からかけ離れたものではなく、実はわたしたちの日々の経験、生活、習慣といった文化的アナロジーによって捉えなおすことのできる解釈の方法でありうると訴える。むしろ私たちの言い回しが私たちの内側から、文化の内部者の観点と表現をもって捉えなおされたとき、それはある意味で本物となり、自らとの間に距離をおかない私たちのキリスト教となり、神学となりうる。[29]

外海の潜伏キリシタンは、自分たちの宗教活動とその実践を、間違っても異端的であるとは考えなかっただろう。彼らを異端として評価するのは常に外部からの研究者である。研究者の評価は、西洋キリスト教の教義を中心とした、宣教する側からの視点に立つ。メサの指摘する「内側から文化の内部者の観点と表現をもって捉えなおした」潜伏キリシタンの信仰は、異端どころか、立派な「民衆の神学」であると評価してもよいのではないか[30]。信じる者の根底には、その物語に対するコミットメントが存在する。弾圧時代を生きのびて育まれたマイノリティとしての潜伏キリシタン民衆の共同体は、『天地』に記された救済の物語が自分たちにとって説得力をもち、正当性を備え、キリシタンという組織の一員であることに意義を見出していたからこそこれを継承した。またキリシタン弾圧の時代であったからこそ、潜伏を余儀なくされたキリシタン民衆は、相互依存、相互扶助の強力な関係を形成して自発的結社を形成した。

『天地』は、キリシタン民衆が命をかけて伝承した希望の物語、神探求の書である。それを立証するかのように二〇〇九年、彼らが四五〇年間守り続けた先祖の墓が長崎県多以良町垣内地区でも発見された。「潜伏キリシタン墓碑群」として発表された六二基の墓が、荒らされることなく現存したことで世間は注目した[31]。六二基の長方形の墓石は、火葬されずに土葬されていた。『天地』は「デウスが量りなき御力で、人の魂を元の身体と合一し復活させて下さる」（題目の⑭）と伝えた。キリシタンの死者がそのままの姿で天国において復活できるようにと火葬が禁じられていたこと、その伝承が忠実に守られていたことが、現実として表出した。今日も人々は、先祖への感謝と敬意を表して墓の前で手を合わせ水を供え、線香をあげる。これを、途切れることのない信仰の継承の形、キリシタンの信仰が民衆文化として大切に伝えられている証拠として大いに評価すべきであると私は考える。

追記

残念なことながら、カクレキリシタンの間に『天地』はもはや継承されていない。地域に生きる人々の生の体験に適切に即応することが神学的ニーズを果たしたことになるのであれば、現在のカクレキリシタン研究は不毛な試みであるのかもしれない。今ではその内部に、自らの歴史を肯定的に支え、積極的に評価し、発展させていく責任を担った人々に会う機会は稀である。したがって、カクレキリシタンの実生化が不毛に終わるかもしれないという危惧は続いている。しかし、潜伏キリシタン（先祖）によって、確かに種は蒔かれたのである。

武田清子は、「真実は本来、普遍的なものである、また人間は普遍主義的な思想にむかって、常に自らを開いていく傾向をもつ」という。[32] その言葉を糧に、日本キリスト教研究の一環としてキリシタン民衆の信仰について更なる考察を深めたい。

注

［1］片岡照子「天地始之事」白百合女子大学研究紀要、一九七五年、一三～三二頁。

［2］宮崎賢太郎『カクレキリシタンの実像』吉川弘文堂、二〇一四年、一四頁。

［3］二八八年に殉教したローマの軍人セバスチャンを霊名とする日本人伝道士のことであるが、「佐賀鍋島藩深堀領平山郷布巻に生まれ深堀の菩提寺の門番であったとされる」五野井隆史『キリシタンの文化』吉川弘文堂、二〇一二年、二六二頁～参照。日本名はわかっていない。

［4］その一人はトマス次兵衛（一六〇〇～三七）神父である。幕府は彼を捜すため、大村藩・鍋島藩・島原藩・平戸藩を遣わし、西彼杵半島の山狩りが三五日間行われた。しかし見つけることはできなかった。次兵衛神父が身を隠していた洞窟は現在「次兵岩」として聖地となっている。

［5］聖ミカエルの絵と十五玄義図は第6章一四一、一五三頁参照。

［6］嶋崎賢児氏（一九三五年生、京都在住カメラマン）潜伏キリシタン嶋崎弥吉の五代目の子孫。弥吉は長崎外海でプチジャン神父によってカトリックに復帰した。貴重な写真〈一五三頁、聖ミカエル〉〈一四一頁、十五玄義図〉を提供してくださった。
山崎政行氏（一九二九年生、外海観光ボランティアガイド協会会長）嶋崎氏と同じく、外海の潜伏キリシタンの子孫。二〇一〇年九月、二日間の動行を共にして下さった。山崎氏は、「外海の歴史・文化は目で見て楽しむものではない、心の安らぎを求めて歩け」とご教授下さった。また、「隠れは『復活』

したことに意味があるとですけん、復活できなかったらそのまま消滅していくんじゃけん」と、心の内をも話してくださった。心から感謝したい。

［7］「異端」とは、「正統」と同じ啓示、教義、信条に立ちながら、その解釈において、正統に対する批判を表明し、正統と異なる考えを主張するものである。異端は正統に対する異端であって、異教ではない。武田清子『正統と異端の〝あいだ〟』東京大学出版会、一九七六年、八一頁。

［8］片岡照子は、『天地始之事』を「もはやキリスト教とは言えないほど変質してしまった」と評する。片岡、前掲書、一四頁。

［9］潜伏キリシタンが伝承した地名には、ベレン（ベツレヘム）、ルソン（フィリピン）、ツルコ（トルコ）、メシコ（メキシコ）、フランコ（フランス）、ロウマ（ローマ）等々、外国の地名が訛って語り継がれている。

［10］紙谷は全体を三段の構成（①〜②、③〜⑩、⑪〜⑭）としている。紙谷威広『キリシタンの神話的世界』東京堂出版、一九八六年、二〇〇頁。

［11］宮崎は『天地』は浦上の潜伏キリシタンの指導者たる帳方を中心に、外海の信徒の五島移住を契機として、十八世紀末にまとめあげられた、唯一の潜伏キリシタン自身の手になるキリシタン教義書」と評している。宮崎賢太郎「『天地始之事』にみる潜伏キリシタンの救済観」『宗教研究』日本宗教学会、一九九六年、七九頁。

［12］田北、前掲書、一九七〇年、六三二頁。

［13］ルシフェル（悪魔）は「天狗」と訳された。当時の宣教師が仏教（特に密教の山伏や修験者）に敵対感情をもち、デウスに敵対する悪魔として「天狗」と翻訳されたと考えられる。紙谷、前掲書、一九八六年、五一頁〜。

［14］使徒信条——われは天地の創り主、全能の父なる神を信ず。われはそのひとり子、われらの主イエス・

キリストを信ず。主は聖霊によりて宿り、おとめマリアから生まれ、ポンテオ・ピラトのもとで苦しみを受け、十字架につけられ、死にて葬られ、陰府（よみ）に下り、三日目に死人のうちから復活し、天に昇り、全能の父なる神の右に座したまえり。かしこより来たりたまいて、生ける人と死にたる人とを裁きたまわん。われは聖霊を信ず。また聖なるキリスト教会、聖徒の交わり、罪のゆるし、からだの甦り、限りなきいのちを信ず。アーメン。

[14] 宮崎賢太郎『長崎人文研究』所収「キリシタン他界観の変容」一九九五年、一〇九頁。宮崎は『天地』において「カトリックの基本的他界観であるパライソ―プルガトウリヨ―インフェルノという垂直他界観は潜伏時代においても正しく伝承されている」と論じている。

[15] 「人の子が来たのが… 多くの人のための、贖いの代価として、自分のいのちを与えるためである」マタイによる福音書二〇章二五節、マルコによる福音書一〇章四五節。キリストの代価は神に支払われたとアンセルムス（一〇三三～一一〇九）は説く（満足説）。

[16] 「御子のうちにあって、私たちは、贖い、すなわち罪の赦しを得ています」コロサイ人への手紙一章一四節。

[17] 稲垣良典『トマス・アクィナス『神学大全』』講談社、二〇〇九年、六八頁。

[18] 二〇一〇年九月、三度目の外海訪問の際に山崎政行氏が崖から子どもを落としていたとされる場所に案内してくださった。

[19] 宮崎は「潜伏キリシタンたちは、罪なくして死んだ者のために、みずからの子を犠牲にしても救ってくれる寛大な神の姿をもとめたのである」と解釈している。宮崎、前掲書、一九九六年、八八頁。

[20] 摂理とは、神が永遠の御計画に従って天地を創造し、その世界を支配し、目的に向かって導かれるという信仰による教理。

[21] ローマにおいては、三五二年に教皇リベリウスが真夏に聖母のお告げを夢で受ける。その夢のお告げの

[22] 通りに雪が降ったところに教会を建設したのがサンタ・マリア・マッジョーレ大聖堂。教会は「雪の聖母マリア大聖堂」と称され、夢のお告げが下った八月五日は祝日とされている。

[23] テオトコス（Theotokos）論争はカトリック教会全体の問題として四世紀頃から議論された。コンスタンティノポリスのネストリウスがマリアを「キリストを生んだ者」と呼んだ際、アレキサンドリアのキュリオスが反論を唱え「神の母」であることを主張した。この論争は四三一、四三三年のエペソス公会議、四五一年のカルケドン公会議においてイエス・キリストは「我々の救いのために、神の母、処女マリアから生まれた」と定義されて結論に至る。

[23] 紙谷、前掲書、一九八六年、二七頁。

[24] 一六世紀のトリエント公会議において七つの秘跡が擁護され、トマス・アクィナスの『神学大全』において秘跡論が成立した。プロテスタント教会における秘跡は洗礼と聖餐のみである。

[25] 『歎異抄』第三章一部「善人なほもて往生をとぐ、いはんや悪人をや。しかるを世の人常に曰く、悪人なほ往生す、いかにいはんや善人をや」

[26] キリシタンの特徴として、聖人崇拝、聖像崇拝、聖遺物（聖骨箱、聖職者の骨や衣服、メダイ等）崇拝が認められる。偶像崇拝は西洋のプロテスタント教会では許されないが、当時のイエズス会の日本布教活動においては推進された。

[27] W・パンネンベルク（佐々木勝彦訳）『信仰と現実』日本基督教団出版局、一九九〇年、一一六頁。

[28] 紙谷威広「書評―『カクレキリシタンの信仰世界』」日本民族学会誌二一六号、一九九八年、一三四頁。

[29] 古橋昌尚編『今日のアジアの教会におけるインカルチュレーション』教文館、二〇一四年、一〇二頁。

[30] 教皇フランシスコの回勅、二〇一四年、三六頁。「…神学は信仰の歩みそのものの一部です。信仰は、キリストの神秘の内に頂点に達する神の自己啓示をより深く理解しようと努めるからです」

［31］二〇一二年一月二〇日、朝日新聞、長崎地域版。
［32］武田、前掲書、一九七六年、七二頁。

「愛」：色紙に墨で描かれたイエス磔刑
（京都フランシスコの家 所蔵）

コラム④　カクレキリシタン（日本とキリスト教の出会いIII）

第二次世界大戦の敗戦後、アメリカから「プロテスタント諸派」が伝来します。これをキリスト教伝来第三波と考えます。

本書において、わたしは「実生化《みしょうか》」という言葉を提唱してきました。「異文化に移植された宗教はその土地に根を張り花を咲かせ実を結ぶことができるか？」という問題です。

遠藤周作は日本文化を「泥沼」ということば（メタファー）で表現しました。メタファーとは意味を隠しこむ言葉の使い方「隠喩」です。日本という沼地に教会を建てるための踏み石となるべく、多くの宣教師が来日しました。しかし、踏み石がいくつ置かれようとも、それが西洋の石（キリスト教）である限りは、泥沼に飲み込まれてしまいます。遠藤が使用する「泥沼」は、いかなる文化においてもあてはまります。キリスト教の宣教が教会を建てること、信徒を増やすことだけを目的としているのであれば、それは決して達成されることはないでしょう。「実生化」とは文化の中にすでに蒔かれている種を見つけ、土を耕す努力をおしまず、せっせと水をやり養うこと、つまり文化の中に神を観て、その声を聴き、従うことです。

二〇一六年は遠藤周作『沈黙』出版から五〇周年という記念すべき

沈黙の碑

年でした。マーティン・スコセッシ監督が二八年かけて映画化し、全米で公開されて大ヒット、『沈黙 Silence』は人々の共感を呼びました。小説の舞台は長崎の外海《そとめ》です。ここは大村純忠の領地で、純忠の孫の時世（一六三〇年以降）からキリシタン迫害時代に入りました。二五〇年以上の弾圧・潜伏期にキリシタンたちはお寺の檀家として信仰を隠して、密かに祈り（オラショ）を唱えて子孫に信仰を継承しました。

明治に入り、信仰の自由を得たキリシタンは三つのグループに分かれてしまいました。自分たちを守ってくれた仏教に改宗したキリシタン、開国後に宣教師に導かれてカトリック教徒として復活したキリシタン、そして現在なお先祖の教えを継承しているカクレキリシタンの三つで、このグループ間には長いあいだ交流がありませんでした。この三者による「合同祈祷祭」が枯松神社で開催されるようになったのは、奇しくも遠藤周作文学館が建設された年、キリスト生誕二〇〇〇年の記念式典の年でした。禁教令が廃止されて四〇〇年余、互いにほとんど交流の無かった三つのグループの人々が、山奥の枯松神社の小さな祠を囲んで讃美歌を歌い、オラショを唱え、聖餐を共に受けるようになったのです。町民に「枯松さん」と呼ばれて親しまれている枯松神社は神道の神社ではありません。ここは日本では三ヶ所しかないキリシタンを祀った神社、日本独特の宗教施設、キリシタンの聖地です。

社の中（枯松神社）

ミサはおよそ一時間かけて行われます。カトリック信者、および参列者の献金、カクレキリシタン代表のオラショ奉納、そして天福寺檀徒の供物という三者奉納も儀式の中に取り入れられました。こうして儀礼化されることによって、民衆の宗教は守られます。

枯松神社祭の後はコミュニティ・センターでの会食が用意されています。その時に、「枯松さんに行く」とは「隠れてお祈りをする」ということを意味していたと教えていただきました。その意味でも枯松神社は民衆にとっての「聖地」でした。枯松神社祭は、カトリック、カクレキリシタン、仏教徒、という教派を超えた和合的・宗教的調和の祭儀形態を今でも保っています。ですから、枯松神社祭は外海の人々の共同体、アイデンティティ確認の場、交わりのシンボル、記憶の継承の場所として、今後も機能していくでしょう。民衆の宗教的感性こそが「聖地」と「祭礼」を守り続けていくのだと考えています。

オラショ奉納（村上茂則氏）

枯松神社祭

第八章　隠れ（Crypto）の信仰・生き方に学ぶ

はじめに——歴史再認識

遠藤周作の『沈黙』に代表される一連の切支丹文学は、日本のキリスト教史に基づいて記されている。[1] キリスト教を日本に布教したザビエルの祖国スペインはカトリック至上主義の中にあった。一六世紀、プロテスタントの台頭に対して、カトリック側は自己改革が迫られていた(反宗教改革)。使徒信条等の教理や、多くの伝承や聖遺物の整理が行われ、運動の一環として一五四〇年にイエズス会が創設された。ロヨラは、戦闘的教会 ecclesia militans を掲げて中世における騎士道的なキリスト教を目指した。使徒として主の栄光を全世界に述べ伝えるという彼の精神は、カトリック絶対的普遍主義の貫徹と世界制覇に利用されやすかった。カトリック恐怖政治による異端審問制度、魔女狩り、ユダヤ人の大虐殺、ムスリム追放…、こうした背景の上に、ロヨラの精神を受け継いだイエズス会の宣教師が東方へ派遣された。日本の近代化は西洋の領土拡大と植民地主義(侵略主義)、また布教拡大のための宣教師派遣による宗教的抑圧によってもたらされた。この事実を改めて認識する必要がある。

一　キリスト教と文化――日本泥沼論

「切支丹時代」に渡来した宣教師の中で最も勢力を伸ばしたのはイエズス会士であり、彼等が現地の文化適応主義を踏襲した。[2] 巡察師ヴァリニャーノは禅僧に見習って、イエズス会士の対面と威厳を保つことを推進し、支配者に布教することで日本人の集団改宗の成果をあげた。しかし、キリスト教が外国人宣教師の英雄主義とともに布教され、西洋の教え（外来宗教）として認知される限り、その教えが日本の宗教状況との関わりにおいて存在意義が確認されることは困難である。遠藤が『沈黙』や『黄金の国』といった第一ステージの文学上で展開した宣教師の布教態度は「上から」の付与者と「下から」の受容者という、抑圧者と非抑圧者という対立構造をとっており、キリスト教は、西洋人の理想に誘導される押し付けの宗教にとどまる。遠藤が描いた切支丹時代の日本人キリスト教受容者は、宣教師等の夢に翻弄され、改宗を強いられ、殉教を拒むことは神を裏切ることであると教育された姿である。このような一方的な宣教態度に、キリスト教が日本の大地に根を下ろす意味が明確化されることはない。遠藤は、受容者の立場からキリスト教受容を考察した。受容者には、知識層と民衆といった隔たりが存在し、それぞれの受容態度は異なる。遠藤は特に「民衆」に視点を合わせた。また氏が文学上で提示するのは、カトリック普遍主義の観点からとらえる日本キリシタン史ではない。それは、「時代の権力」と「個人」の対立的な構造において、弱者を肯定し、弱者の存在を尊重する文学であり、こうした態度は「民衆の神学」、Contextual Theology の先駆けであったと言っても過言ではない。遠藤は、宗教の要とする経典や教義、制度などに頓着せず、キリスト教が現実に日本人の生活の場でいかに実践されたか、また実践されているかという問題を重視した。

遠藤周作は「日本泥沼論」として、日本文化とキリスト教の関係（日本にとってキリスト教とは何なのか？）また、日本人の信仰の本質（日本にとってキリスト教は積極的に思想的に意味を持ちうるのか？）を問題として提示している。氏が文学において提示した「日本泥沼論」という問題意識は、キリスト教の「実生化《みしょうか》」に通じる。キリストの教えは二〇〇〇年前に全世界に蒔かれ、それぞれの大地、文化に発芽した種は、それぞれの形で成長している。日本という泥沼の大地においてキリシタンは成長し、変容しつつ開花して実を付けた。実生化の神学において宗教と文化は対立しない。

二　何故「かくれ（背教者）」を扱うのか

一九七九年、遠藤は「(かくれ切支丹の) 頑強さと執念とには感嘆はするものの、彼等の宗教は我々現代人に何の説得力もないし、宗教としての一般性もない。それは狭い地域の、ごく限られた人たちの特殊な習慣的信仰にすぎない。我々は彼等の組織や行事に一時は興味を持つ…(中略) もはや、このかくれ切支丹なるものがいつかは消え去ることは明らかである」[3]と評した。

そして、かくれ切支丹の宗教は土俗宗教であり、絶対に基督教ではないと断言する。これは正統カトリックの本音であろう。しかし、それでも「彼等の宗教は、日本的、日本人の宗教意識に即したものとして本物である」と、積極的に肯定する。「本物」として認めるからこそ遠藤は、背教者である「かくれ切支丹」を自分の信仰の祖先として考察し、彼らが守り続けた信仰の意義を探る。そして遠藤は、自分が迫害期に生まれていたらと仮定し、自分を「かくれ切支丹」に重ねることで、キリスト教の実生化について探求したと私は理解する。

かくれ切支丹――遠藤の定義

「かくれきりしたん」の表記は研究者によって異なるが、遠藤は「かくれ切支丹」と表記する。通常、キリシタンの史的研究は三つの時代区分（I．キリシタン時代、II．潜伏時代、III．カクレキリシタン時代）を前提として考察される。

I．キリシタン時代（宣教師時代）

＊台頭期（一五四九～一六一四）［吉利支丹、貴理志端］

一五八七　秀吉の伴天連追放令（一五九七　日本二十六聖人殉教）

一六一二　秀忠の禁教令

＊迫害期（一六一四～四四）［切支丹、鬼利死貪］

II．潜伏時代

＊潜伏期（一六四四～一八七三）［潜伏切支丹、隠れキリシタン、かくれ切支丹、他。］

III．カクレキリシタン時代

＊復活期（一八七八～）　復活［カトリック信者］

離れ［カクレキリシタン］

松田毅一は、より厳密にキリシタン時代（と潜伏時代）を五段階に分けて考察する。[4]

Ⅰ.	布教公認時代	一五四九～一五八九	
Ⅱ.	布教黙認時代	一五八七～一六一四	← 前期かくれ切支丹 →
Ⅲ.	禁教・迫害時代	一六一四～一六四〇	
Ⅳ.	検索・殲滅時代	一六四〇～一六五八	← 後期かくれ切支丹 →
Ⅴ.	類族・監視・変容時代	一六五八～一八五〇	

（Ⅲ・Ⅳ・Ⅴは丸囲み）

遠藤の定義する「かくれ切支丹」は、通常の分類上ではⅡの潜伏時代、松田の分類ではⅢ．Ⅳ．Ⅴ．の時代に該当する。また、遠藤は、前期かくれ切支丹（一五八七～一六三七）と後期かくれ切支丹（一六三七～一八七三）を区別して考える。前期かくれ切支丹は弾圧下であっても宣教師による正しい指導を受けていたが、後期かくれ切支丹は指導者のいない孤立無援の状態だった。後期は、仲間同士の信仰共同体（コンフラリア）を組織し、生き延びるために棄教を装って二つの顔を持って生きた人々（転びもの、棄教を権力者とその社会に誓約した者）、二重生活者（建前と本音、面従腹背の信仰姿勢）だと定義する。[5] 遠藤の「かくれ切支丹」には私の研究対象であるⅢ．カクレキリシタン時代は考慮されていない。しかし、カクレキリシタンを含めることなしに「隠れ」の伝統を継承する力、日本のキリスト教史を紡ぐ事は不可能である。

三　隠れ（Crypto）の思想

隠れ―殉教と背教の〈あいだ〉

日本のキリシタン時代は、古代ローマ帝国における初期キリスト教教会の迫害と殉教の歴史と対比的である。初期キリスト教徒は、ネロ帝をはじめ歴代のローマ皇帝による国家的迫害からコンスタンティヌス帝が信教の自由を保障してキリスト教を公認する（三一一年）までの約三世紀を生きのびた。

新しい時代には権力の台頭とともに、異端者の排除という恐怖政治が始まる。そこでは「正義」の名のもとに政治的権力が行使されて同化政策が奨められ、これに反抗し抵抗する者たちは「異端」として抑圧されて排除される。こうした迫害期において、信者は二つの道を選択せざるを得ない。殉教か、背教かである。殉教者は後に「聖者」として尊敬され、『聖者伝』などで語り継がれる。一方、背教者は「裏切り者」として蔑まれ、流浪の民となる。

聖書には、イエスの弟子のユダとペテロは共に裏切り者（背教者）として描かれている。ユダはイエスを売り、ペテロは逮捕され連行されるイエスのことを三度「知らない」と否定して逃亡した。彼らは共に裏切り者だ。しかし、彼等のその後の「生き方」が異なっていたことから、背教者（裏切り者）に相反する評価が生じる。

ユダは裏切りの行為を悔いて自死を遂げたと、キリシタンは伝承した。ペテロは、裏切りの行いを心底悔い改め、復活したイエスに出会って回心する。その後は命をかけてキリスト教の伝道活動に勤しみキリスト教迫害下のローマで殉死する。

日本キリスト教史上、迫害期における殉教者は、ペテロの系譜として文学や歴史、文化人類学、社会学等において研究されている。一方、背教者（転び者）については記録が残されていないが故に、研究の対象となることが少なかった。「隠れ Crypto」は、ペテロの系譜にもユダの系譜にも続かない第三の系譜、その〈あいだ〉に属する。彼等は「生きる」ことを選択した人々であり、日本キリスト教史においては、彼等こそが歴史を紡いだ人々である。[6]

隠れ（Crypto）は、コンフラリア（地下組織）を形成して二重生活に賭けた。「踏み絵」という背教の儀式が定着するにつれて、表向きにであれ、背教の意を示したという彼等の罪の意識は、神の赦しを求める心となり、悔い改めの表現が「こんちりさんのりやく（告解の利益）」のオラショ（祈り）として外海と五島の集団に伝承された。こうして、隠れ切支丹の救済思想は形成された。

隠れ切支丹

信仰の在り方は時代によって変化し、キリスト教の教理に対する理解や解釈にも変化が生じる。遠藤は、かくれ切支丹の宗教も時代とともに変化して日本人の宗教意識に即したものとなったと評価し、切支丹民衆の信仰について四期に分けて考察した。[7]

第一期（迫害期以前）　仏教や神道への対抗意識から基督教の正当性を主張する高踏的な理念の信仰

第二期（秀吉の禁制期）　わが身の迫害をイエスの受難に重ねたイエスに倣う信仰

第三期（家康以後迫害期）　殉教による栄光をもとめる意志の信仰

第四期（家光以後）　隠れることを選択した後悔と赦しの信仰

1. 背教（転び）を宿命（業）と理解することによって生じる後悔と赦しを求める宗教
2. 二重生活による神仏基の混合宗教
3. 裏切り者としての劣等感・屈辱感・自己嫌悪・自己弁護から求められた聖母信仰
4. 家（村）意識と祖先崇拝の意識によって継承された信仰

このように変化した信仰は、儀礼によって記憶され、継承され、伝統化される。それは切支丹として美しく殉死することが暗黙のうちに了解されていた世の風潮に抗い、弾圧下の世に生きのびて信仰生活を続けるための実践的な選択だったと解釈される。彼等は生活上の規則、倫理的規範を設けて、共同体の信仰を定着させてアイデンティティを創出した。「隠れ（Crypto）」信徒と称される非抑圧者の共同体は、日本に特殊な現象ではなく、世界中にみることができる。それは、「同一化」を推進する権力者の歴史に対して、密かに抵抗を貫いた人々の苦難の歴史、生き様である。だからこそ、「隠れ（Crypto）」の精神は、現代を生きる私たちにも普遍的な意味をもって記憶される。

隠れユダヤ教徒（マラノス）

一五世紀末にザビエルの故郷スペインでは、グラナダ王国が陥落しイベリア半島におけるイスラーム国家が完全に消滅した。[8] 以後、キリスト教徒のレコンキスタ（国土再生運動）が開始され、カトリック至上主義の下での強制

新大陸を発見したコロンブスがスペイン王女イザベル一世に謁見した「王の広間」

改宗が開始される。先祖の宗教（ユダヤ教）を守るために土地も財産も捨てて潔く祖国を離れたユダヤ人は、「流浪の民」としての運命を担った。一方、半島に残ったユダヤ人は「死か洗礼（改宗）」かの決断を強いられた。後者を選択したユダヤ人の子孫（コンベルソ）は、新キリスト教徒と呼ばれた。[9] イベリア半島では血統の純潔さを追求する国民統一政策（一国家、一民族、一宗教）が施行され、ユダヤ人の迫害、反ユダヤ主義（Anti-Semitism）が激化した。[10] 隠れユダヤ教徒（Marranos）を弾圧・虐殺する意図において、異端審問所が設けられて強制改宗に賛同しないユダヤ人、また疑惑をかけられ、摘発された者は逮捕され、拷問にかけられ、財産を没収され、公開の火炙りの刑（アウトダッフェ）に処せられた。キリスト教徒は迫害の正当性に『聖書』を根拠としてを取り上げた。「わたし（イエス）につながっていない人がいれば、枝のように外に投げ捨てられて枯れる。そして集められ、火に投げ入れられて焼かれてしまう」（ヨハネによる福音書一五章六節）

ユダヤ人に対する異端審問制度は一八三四年に最終的に廃止されるまで約三五〇年続いた。[11] 隠れユダヤ教徒（マラノス、マラーノ＝豚を意味する差別用語）は、一三九一年から一九四九年までの期間にキリスト教に強制改宗させられたスペイン、ポルトガルのユダヤ人の子孫だ。彼等は、生きのびるために、「死か洗礼（改宗）か」という選択肢の〈あいだ〉を生きた。生きるために、表向きはキリスト教徒としての洗礼をうけて支配者に服従し、内面において密かに先祖の宗教を守り続けて抵抗した、面従腹背の身の処し方を選んだ人々である。[12] 彼等は、自分の行動や行いに終始気を配り、密告者や監視人に異端の証拠を握られないように信仰（真実）をごまかして不安の内に生きるしかなかった。

第一段階　一四世紀、イベリア半島における一神教三宗教（ユダヤ教、キリスト教、イスラーム）の共存。ユダヤ教徒は中流・上級階級を形成していた。

第二段階　一五世紀、キリスト教が宗教的純粋性を主張（追放令一四九二年施行）。スペインに異端審問所（一四八〇年）が設置される。改宗を選択しないユダヤ人は、財産を没収され追放される（約一六万人のユダヤ人が追放）。

第三段階　ポルトガル王とスペイン女王が結婚（一四九六年）。反ユダヤ主義が強まり、ポルトガルにおいても追放令が出され（一四九七年）、一五三六年異端審問所が設置される。

第四段階　隠れとしての生活が始まる。

ユダヤ教の正当な教義が伝えられなくなる。
戒律の遵守が徹底されなくなる（妥協）。
キリスト教と融合化される（同化）。

内面に虚偽を抱えて仮面を被った彼等の生き方は、次第にキリスト教との二重性を帯びるようになる。異端者として肉親が検挙され眼前で火炙りの刑を受けていても、生きていくためには表情を全く変えることが許されず、彼等は心に深い傷を負い、その記憶と共に生きた。想像するに、彼等は殉教を選ばずカトリック絶対主義の権力に屈した「負け犬」であるという自己卑下的感情を絶えず持たざるをえなかったのかもしれない。人間としての恥辱を内部に抱え込み、五〇〇年以上もの間、ひそかに隠れ、先祖の教えを守り続けたマラノスの歴史は、日本の隠れ切支丹の歴史に重なる。

四 「隠れ（Crypto）」が継承した信仰・生き方

Cryptoの呼称	Marranos 隠れユダヤ教徒	Kakure Kirishitan 隠れ切支丹	
〈あいだ〉	「死か洗礼か」	「殉教か棄教か」	
潜伏期間	一三九一～一八三四（一九一七）	一五八七～一八七三（一八八九）	
検索方法	監視、密告制度	五人組、踏み絵、寺受け制度	
弾圧方法	異端審問所	懸賞付き高札	
殉教・死者数	六〇万～	二四万～	
信仰（思想）構造		根獅子カクレキリシタン	千提寺カクレキリシタン
信仰の形	個人の信仰	家・里の宗教	個人の信仰
信仰の中核	戒律（モーゼの律法）遵守	儀礼（改悛・懺悔）	祈り
信仰の内容	食事規定、安息日、割礼	年中行事	
儀式参加者	女性が積極的に参加	女性は参加しない（赤不浄）	女一人
信仰対象	唯一絶対神 Adonai	具体的な聖遺物（マリア観音等）	同上
他界観			
聖地	イスラエル	殉教地	
葬儀	二重葬儀（キリスト教＋ユダヤ教）	二重葬儀（仏教＋キリスト教）	
崇敬の念	聖人、犠牲者に対して	先祖に対して	同上
祟りの意識	なし	ある	〃
救済信仰	現世主義→来世	無（現世利益）→天国（パライソ）	
発見年	一九一七年	一八六五年	一九一九年
場所	北ポルトガルのベルモンテ	長崎　大浦天主堂	大阪　千提寺
発見者	サムエル・シュバイツ（一八八〇～一九五三）	ベルナール・タデー・プティジャン神父（一八二九～八四）	藤波大超（一八九四～一九九三）

前頁の表二つの隠れ（Crypto）組織において特に注目に値するのは、キリスト教の教義が彼等の生き方の中で変容して新たな実存的解釈が加えられていることである。隠れ切支丹においては、三位一体やイエス論の欠落、そして十戒を社会的道徳律として重視する点が顕著に見られた。また、聖遺物や諸聖人、執りつぎのマリアが崇拝され、パライソ願望が強い。隠れユダヤ教徒（マラノス）においても、救済思想におけるキリスト教との融合が顕著である。伝統を重視するユダヤ人は来世や神の超越性を否定する。しかし、律法の遵守のみがユダヤ教の伝統として継承されたマラノスは、規範的戒律を守ることが霊魂の救済であるという思想が確立された。キリスト教の影響により律法と救済の概念が結びつけられたということだ。

カクレキリシタンの信仰・生き方

外海地方出津の隠れ切支丹の子孫のうちカトリックに復活しなかった者（カクレキリシタン）[13]は四五〇年余り、先祖の宗教を棄てなかった。その理由を、祖先・家の存続であると考える遠藤周作の理解は間違っていないだろう。たとえ彼等にとって、キリスト教の教義が呪文・呪術的意味しか持たなかったにせよ、彼等は出生と同時に先祖から受け継いだ秘密を守りつづけ、宣教師によって「異端」の刻印を押されても先祖の〈信仰〉を守り続けることを選択し、祖先の〈宗教〉を守り続けた。彼等には、(復活信者同様に)先祖が迫害の中でも信仰を守り通して生きたからこそ今の自分があるという尊敬の念が記憶されているに違いない。

遠藤は、人間が本来の自己(アイデンティティ)を社会的に「隠して」生きなければならない状況が偏在しているということを、かくれ切支丹の歴史と自分の体験に重ねて認識していた。彼等は迫害の中で差別されながらも恐怖と屈辱に耐えて生きのびた。遠藤はかくれ切支丹の生き方を通じて、どのような破局的状況の中でも「生きる」ことにキリスト教的信仰、希望、愛を見出した。キリシタンの教義書「どちりいなきりしたん」には、「後生を助かる道のまことの掟」として、信仰(ヒイデス)、希望(エスペランサ)愛(カリダアデ)が強調された。遠藤が『沈黙』の主人公である背教者フェレイラのその後の人生(人々の役に立とうとする生き方)にこだわったこと、また背教者ロドリゴの最後の言葉(あの人(神)は沈黙していたのではなかった。たとえあの人は沈黙していたとしても、私の今日までの人生があの人について語っていた。)を出版間際に加筆したことからも、遠藤が背教者の「棄教後の生き方」に注目したことが理解できる。

おわりに

しかし、「隠れ Crypto」として信仰を守り続ける者、一度ならず背教（棄教）したという償いがたい罪を犯して生きる者の救いは本当に叶うのかという問い、その心理と葛藤は、容易に解決できるものではない。『天地始之事』には切実なまでに「隠れ」が慕い求める赦しの神、後生のたすかりについて伝承されていた。彼等の精神的願い、希望を、遠藤が自身の問題として真っ向から取り組んだのは一九九三年に出版された『深い河』だった。

『深い河』の主人公の一人、大津は背教者、弱虫である。背教者、弱虫がいかなる理由で強い信念の人になったのか、いかなる神を求め見出したのか。この問いの答えは大津が信頼した神（全人類を救済したもう普遍的な愛のかたまり）への応答という生き方として表出された。大津は、神はいかなる名前で呼ばれようとも彼の苦難の人生とともに在り、「働き」として存在し、その働きによって自分は生かされているということを示した。そして究極的な安心感を経験した瞬間を、普遍的な信仰様態として認めた。キリスト教ではその瞬間を、魂の救い、神の恩寵として認識する。「信仰とはたえざる改宗なのだ[15]」と遠藤は表現した。

『深い河』の登場人物は皆、それぞれ救済を求めていた。人々が最終的に「母なる河」に導かれたことは日本的宗教多元主義を考える上で大きな意義を持っている。母なるガンジス河の先にある大海は、最終的に「一」として統一されはしない。「深い河」という象徴は、キリスト教という枠を超えた、「大きな愛の流れ」である。その先には、殉教者と背教者、宗教の違いも、文化や国境を隔てる壁も存在しない。神は背教者の苦悩、彼等のその後の信仰と生き方を通じて苦悩を共にされる。遠藤が提示する救い・安心は既存の宗教の枠組みを超越した魂の領域、「多の和ぎ」にある。それは人間の宗教的な意義を、宗教的な制度から見つめるのではなく、人間の生きる姿勢から尊ぶことである。

遠藤が『深い河』において提示したすべての人々に対する「愛と救済」、そして日本的宗教多元主義のかたちに、私はキリスト教の実生化を考える上で積極的意義を再認している。

注

［1］遠藤周作「わたくしと小説」『文学における神』春秋社、一九八一年所収、一一～一五頁。遠藤は彼の文学スタイルとして「弱い人の苦しみにメガネを合わせて小説を書こうと思った」と記し、「(沈黙の中に埋もれてしまった歴史）をもう一度掘り起こし、彼らを起こし、彼らを歩かせ、彼らの本当につらかった声を聞こうとするのが…文学の仕事だと私は思います」と宣言している。

［2］イエズス会の他、フランシスコ会、ドミニコ会、アウグスチノ会が渡来し、布教活動を行ったが、修道会間の確執はそのまま日本に持ち込まれた。文化適応主義、中国天主教の典礼問題はマテオ・リッチが立案、インドではロベルト・デ・ノビリがカースト制度を容認、ベトナムではアレクサンドル・ド・ロードが支配階級に布教した。日本ではヴァリニャーノやゴメス等。

［3］遠藤周作「日本の沼の中で―かくれ切支丹考」一九七九年、『切支丹時代』小学館、一九九二年所収、一四四頁。

［4］松田毅一『ヴァリニャーノとキリシタン宗門』朝文社、二〇〇三（一九九二）年、一七三～二一七頁。

［5］遠藤、前掲書、一九七九年、一五五頁。

［6］この第三の選択肢の正当性を、聖書に見出すことは可能である。マタイによる福音書一〇章二二節～三節には、「わたしの名（イエス）のために、あなたがたは全ての人に憎まれる。しかし、最後まで耐え忍ぶ者は救われる。一つの町で迫害されたときは、他の町へ逃げて行きなさい」とイエスが迫害された時には避難して信仰を守る事を教えている。（ ）は補足。

［7］遠藤、前掲書、一九七九年、一四四～二一一頁。

[8] 一四九二年は、イスラム王国グラナダの陥落、コロンブスの新大陸発見、また、「スペインからのユダヤ人追放による一般勅令」が施行された年として記憶されている。

[9] イスラームからの改宗者はモリスコと呼ばれる。一四世紀のモリスコについては、深沢克己・高山博編、『信仰と他者』東京大学出版会、二〇〇六年所収、宮沢和夫論文「レコンキスタ終結後のグラナダ王国における不寛容」(一〇九〜一四一頁)を参照されたい。

[10] 文化の担い手(創造性)として、ユダヤの血は劣っているという議論は現代においても続いており、それを検証する研究は続いている。一三八二年には北スペインにおいて六〇〇〇人ものユダヤ人が血祭りにあげられるポグロム(大量虐殺)が発生している。近現代におけるユダヤ民族への憎悪と偏見は、その歴史以外に彼等の経済力に対する妬みがあげられる。

[11] ポルトガルにおいても、一五三六年に異端審問所が設置され、一五四〇年に最初の公開の火炙りの刑(アウトダッフェ)が執行されている(一八二一年廃止令)。

[12] マラノスと日本の隠れ切支丹の類似点について、ボストン大学 Hillel Levine 教授から示唆をいただいた。また、マラノス(マラーノ)については小岸昭の研究に負うところが大きい。(『スペインを追われたユダヤ人』人文書院、一九九二年、『マラーノの系譜』みすず書房、一九九八年、『隠れユダヤ教徒と隠れキリシタン』二〇〇二年)

[13] 遠藤、前掲書、一九七九年、一六二頁。

[14] 遠藤、前掲書、一九九二年所収「異邦人の苦悩」一九七三年、二二〇頁。

コラム⑤　死生観（御大切）

マリア像（大浦天主堂）

信仰、希望、愛、この三つの教えはキリスト教の中核となる教えです。カトリックが伝えられた一六世紀、日本人は「愛（アガペー）」という教えを理解することが難しかったそうです。そこでキリシタンは試行錯誤して「愛」を「御大切」と表現しました。相手を思い、愛おしみ、大切にする、それが愛だと理解したのですね。そして大切な人が亡くなると、丁寧に埋葬しました。

宗教は、死後の世界は存在すると説いています。仏教では「浄土」キリスト教では「天国」という世界を物語ります。キリシタンの聖書物語『天地始之事』ではパライソという世界が物語られ、パライソでは自由自在の安楽の暮らしができると伝えられました。

大切な人を亡くすこと、その死を悲しむということ、それはどの民族でも同じです。しかし、愛した人、愛おしい人が亡くなることは寂しいことではありますが、はたして悲しいことなのでしょうか。与えられた生命を大切に全うされたのであれば喜ばしいことではありませんか？

人が亡くなることを、仏教では「入滅・入定」と表現し、キリスト教では「土に還る・永遠の命を得る」と表現します。英語ではpassed（過ぎ去った）と表現されます。人が死ぬということはこの世の時間が過ぎ去って次の世界に入る、次の世界での命を与えられるということになります。ドアをあけて次の部屋に入るイメージです。キリスト教の葬儀は「永遠の命の始まり」としての救済が強調され、重要な位置を占めます。残された人も、葬式という通過儀礼（宗教儀礼）を司ることで、大切な人との現世でのお別れとして一つの区切りを設けてきたのです。

人は一人で生まれて一人で死ぬ。裸で生まれ何も持たずに還る。これは変えられない事実です。生きて死ぬ。そうであれば「よく生きてよく死にたい」と誰もが思うはずで、この「善く」という生き方、死に方が重要です。

たとえば「あなたにとって何が一番大切ですか、三つ書き出してください」という問いに答えるためにじっくり考えてみると、なぜか自分の人生観が透けて見えてくるようです。自分の人生で一番大切なものとは、自分の生死を支える価値観だからです。

物質的（金銭的）な豊かさを目標にしてそれを幸福だと思っていませんか？

死を遠ざけて生きていませんか？

遠藤周作文学館で撮影した夕陽

第九章　愛と救済——遠藤周作『深い河《ディープ・リバー》』より

はじめに——託されたテーマ

遠藤の棺の中には、遺言どおり『沈黙』(一九六六)と『深い河』(一九九三)の二冊が収められた。その二冊には、遠藤が生涯をかけて追求した「信仰」という内面的葛藤が結集されている。『沈黙』の中で展開された魂の救済者としてのキリスト像は一貫して健在であるが、『深い河』ではキリストの人格性は弱められ、霊性が重視される。信仰は、聖霊の働きを中心とする霊性(スピリチュアリティ)の応答として再解釈され、聖霊は多元主義的に解釈される。遠藤が追及したテーマは、魂の次元における「愛と救済」だった。

『深い河』は、遠藤が一九九〇年から三年間かけて、老いと病と戦いながら執筆した作品である。当時の日記には、「この小説が私の代表作になるかどうか、自信が薄くなってきた。しかし、この小説の中には私の大部分が挿入されていることは確かだ」[1]と記されている。以下、各章において並行して語られる主人公についての簡単な説明と、それぞれの登場人物に託されたテーマを概要する[2]。

『深い河』は「やき芋ォ」という郷愁をそそる声で始まる。その声とは対照的に、妻の末期ガンを宣告されて愕然とした磯辺は冬の夕暮れの空を呆然と見ている。この宣告によって、彼の目前に「死」の問題が突如現実となり、妻に先立たれるという空虚感にさらされる。臨終の際、妻は自分の生れ変わりをみつけてほしいと願う。妻の死後、磯辺の生きる糧はその願望をかなえてやることとなる。磯辺は、「死後生存」を研究しているヴァージニア大学からの手紙を頼りに、前世が日本人という生まれ変わりの少女を探しに、インド・ツアーに参加する。磯辺とその妻において、アニミズム、夫婦愛、共時性、前世の記憶、仏教的死生観等々の、現代倫理の諸問題が提示される。[3] 遠藤は、磯辺の妻が臨終の際に発する言葉の中で、仏教語の「輪廻転生」でもキリスト教の「復活」でもない「生れ変り」という言葉を使ったことは、注目に値する。それは、万人の「救済」という問題に関係する。

成瀬美津子は戦後生まれで、物質的には裕福だが精神的なものを渇望していた。磯辺の妻の病院でボランティア（「愛のまねごと」）をしていた美津子は、学生時代に毎日、大学のチャペルで神（イエス）に祈る神学生、大津を誘惑する。[4] それは、自分が持たない「信仰」をもつ大津への興味、神（イエス）に対する嫉妬、そして挑戦というゲームとして始まった。しかし彼女は大津に関わったことで、知らずに自分の人生が変わっていくことに最後まで気づいていない。美津子において、重大な形而上学的問いが追求される。

童話作家の沼田は、手術中に飼い鳥が自分の身代わりのように死ぬという経験をする。彼は恩返しのためにインド・ツアーに参加する。沼田の童話作品に描かれる動物たちは、人間の悲しみ、寂しさを理解してくれる同伴者として登場するのであるが、動物たちは遠藤が他の数々の作品でも表現した「同伴者イエス」と重なるイメージ（ダブルイメージ）である。

木口は、凄まじい戦争を生き延びて帰還した戦中派の人物である。かつて戦場で自分を救出してくれた戦友は、罪の呵責に苛まれながら戦後を生きた。戦友がその胸の内を死の直前に木口に語る場面では、友愛とは何か、罪とは何かが、根本的に問われる。

大津は実直なキリスト教信徒である。彼の信仰は、自分の母親が教えてくれた神を信じることであり、その愛を信頼することであった。大津はイエス・キリストに従うかのように、代償的死をもって人生を終える。大津においてキリスト教の実生化《みしょうか》、異端論、多元主義的キリスト教、信仰論という神学上の課題が提出される。

新婚でカメラマン三條は利己主義的な若者を代表する。自分の出世と名声のために禁じられた行為を侵し、憤ったヒンドゥー教徒たちに追われる。うまく逃げきった三條だが、仲裁に入った大津が自分の代わりに瀕死の目に遭わされたことも知らず、反省も後悔の念ももたず、自分の手柄のみに満足して帰路につく。他者を抑圧し他者を犠牲にしても自分の利益や誇りだけを追求する生き方を反映する三條は、資本主義の世界に生きる欺瞞的正義を提示している。

江波はインド・ツアーの添乗員である。彼はヒンドゥー教の女神チャームンダーに特別な愛着をもつ。それは夫に捨てられ、苦しみに耐えながら自分を育ててくれた母への特別な感情である。江波が添乗する女神とガンジス河は、「母なるもの」への思慕として全体の物語の底を流れる。これは遠藤の深い思い、霊性に繋がる重要な部分である。

こうして主人公たちの人生背景が並列的に語られながら、それぞれの人生の途上において日本からインドへの旅が始まる。

インドという舞台設定

晩秋の日本からインドへと旅立った登場人物たちにとって、インドは湿気のこもったなまぬるい風、空気、土の臭い、樹々のなまぐさい臭いのする別世界、別次元の領域だった。磯辺にとっては転生の国、美津子には闇、暗黒、無明、暗夜の旅、魂の闇、孤独の世界、木口にはビルマ（現ミャンマー）の凄惨なジャングルを思い出させ、沼田には鳥類保護地区として映った。彼らは遂にガンジス河のほとりヴァーラーナスィ（二つの河の合流点、ヒンドゥー教徒にとっての聖地）に集う。彼らにとっての聖の概念は、生死、老若、美醜という対概念を包み込む。その基本的な教義は業と輪廻の観念であり、輪廻の連鎖を断つことが目的である。つまりヒンドゥー教徒にとって、聖なる河で沐浴する行為は、輪廻転生からの解脱であり、それが救い、解放なのである。一般に日本人が抱く「奇麗」「不潔」といった価値観では「聖」はとうてい理解できない。インドを舞台とすることによって価値観の転換が求められる。

また、遠藤は舞台を日本からインドに設定することで、「宣教」という視点においても画期的な展開を遂げた。これまでの作品では、キリスト教の布教構図は一貫して西洋から日本という一方向的であった。その構図の中で遠藤は、批判的に、宣教する側とされる側の相剋を描いてきた。『深い河』では、日本人の大津が主人公である。大津は、過去に一度キリスト教を拒否したいわば「背教者」でもある。大津はキリスト教を再度、積極的に受容することで宣教師となる決意を持ち、神父になるためにフランスのリヨンへ渡る。しかし神父になることは認められず、五年後に南仏のアルデッシュの修練院に移されるが、そこでも資格は与えられずイスラエルのガリラヤ修道院に移されて、苦境の末に到達したのが多文化、多宗教が混在するインドだった。

一　イエス・キリスト

遠藤の文学は、キリスト教の思想と道徳に立脚しており、イメージやルート・メタファー（root metaphor）を通して紹介されてきた。『深い河』においても、キリスト（救い主）は、苦難の僕、同伴者、母なるもの、という三つのイメージで扱われている。

苦難の僕

美津子にとっての大津、沼田に飼われた犬、犀鳥《さいちょう》や九官鳥、そして木口の戦友を慰めるボランティアのガストン――彼らはみな「ピエロ」と呼ばれる。ピエロとは、「みじめで滑稽」（二二七）である一方、相手を傷つけることなく、笑いを運び、気持ちをなごませる道化師である。遠藤は素直で純朴な人間、皆から馬鹿にされ笑われながらも相手を尊重し、利益に従属することなく、最後まで義の道を貫いていく人間を「ピエロ」と呼称し、その根拠を旧約聖書の「イザヤ書」五三章に見る。

彼は醜く、威厳もない。みじめで、みすぼらしい
人は彼を蔑み、見捨てた
忌み嫌われる者のように、彼は手で顔を覆って人々に侮られる
まことに彼は我々の病を負い
我々の悲しみを担った

遠藤は、この聖句を三度（七一、二八五〜八六、三三九）、作品に導入している。人々は「苦難の僕」として預言された救い主の到来を待ち望む。救い主イエスが、ピエロのように人々に蔑まれ、見捨てられ、侮られ、悲しみを担うという構図は、イエスを棄てた弟子たちと大津、大津を棄てた美津子と重複する（ダブルイメージ）。この「棄てられる苦難の僕」というイメージはピエロのイメージと重なり、また女神チャームンダーにも重ねられて、通奏低音のように作品の底を流れる。

同伴者イエス

遠藤は、沼田に自伝的要素を多々導入している。大連で過ごした幼少期には、子犬のクロが

「哀しみの理解者であり、話を聞いてくれるただ一つの生きものであり、彼の同伴者」（二一八）であり、また、肺結核で入院中は、九官鳥が自分の苦しみ、愚痴、「告白を〔……〕沈黙して受け入れてくれる」（二二八）存在だった。[5] しかし遠藤は「人生の同伴者」というイエスのイメージを、後半部においてキリスト教に限定せず、他宗教にも認めている。

〔……〕戦友が死んだあと、あの人（ピエロとよばれていたガストン）は病院から姿を消したそうです。私には私の戦友のためにあの人が現れ、戦友が死ぬと、あの人は去った気さえする。戦友が人間がしてはならぬ怖ろしいことを犯し、自暴自棄のまま死にかけた時、あの人がそばに来てくれたのです。あの人は……私の戦友にとっては、同じ巡礼に同行するもう一人のお遍路さんになってくれた（三二三〜二四）

母なるイエス

ツアー・コンダクターの江波がチャームンダーに抱く特別な愛着は、遠藤自身の心情として解釈することができる。「母なるもの」としてのヒンドゥー教の女神チャームンダーは、イエス・キリストのアナロジーだ。

女神チャームンダー

……彼女（チャームンダー）の乳房はもう老婆のように萎びています。でもその萎びた乳房から乳を出して、並んでいる子供たちに与えています。彼女の右足はハンセン氏病のため、ただれているのがわかりますか。腹部も飢えでへこみにへこみ、しかもそこには蠍《さそり》が噛みついているでしょう。彼女はそんな病苦や痛みに耐えながらも、萎びた乳房から人間に乳を与えているんです（二二五）

彼女は……印度人の苦しみのすべてを表しているんです。長い間、印度人が味わわねばならなかった病苦や死や飢えがこの像に出てます。長い間、彼等が苦しんできたすべての病気にこの女神はかかっています。コブラや蠍の毒にも耐えています。それなのに彼女は…喘ぎながら、萎びた乳房で乳を人間に与えている。これが印度です〔……〕（二二六）

江波はチャームンダーを紹介した後、ツアー客をガンジス河へ帯同する。「母なる」チャームンダーのイメージは、あらゆるものを抱擁する母なるガンジス河へと通じていく（二二八）。

二　愛と救済

美津子は、チャームンダーの姿に「現世の苦しみに喘ぐ東洋の母」（二八五）を見る。母は自己を犠牲にしても子を憐れみ、慈しみ、受け入れる、愛のシンボルである。美津子はチャームンダーに聖書の「苦難の僕」を想い、大津の生き方を重ねる。

いかなる宗教にも、その教えの要には自己犠牲的な精神がある。それは相手を思う心によって自分が「無」とされる「利他主義」である。「忘己利他」という仏教の教えは、「利他忘己」と転換される。ある場合には奉仕することが自己の犠牲をも辞さない生き方となる。イエス・キリストは、短い人生において、自己犠牲の愛を示した。女という性を担った聖母マリアも、観音も、女神チャームンダーも、社会的に弱い立場、偏狭におかれた存在であった。しかしそれでも限りない愛を注ぎ、だからこそ、心の底から苦しみと悲しみを共に負う同伴者となり得た。母の凛とした強さを信頼し、幼子の心で抱きつき抱かれる。その信頼関係における信仰こそ、神の愛に委ねて生きるということだ。

大津の信仰は、伝統的キリスト教の絶対性を唱える西洋世界においては、汎神論的で異端的な信仰として拒絶され、排除された。しかし大津は紆余曲折した人生をたどった末に、いかなる時もイエスは「母なる愛」をもって自分に同伴してくれているという確信にたどり着く。捨犬同然だった大津は、インドでヒンドゥーのサードゥーたちに受け入れられ、ただひたすらイエス・キリストに従い、瀕死の行き倒れたアウト・カーストたちを背負ってガンジス川まで運ぶ。それは大津にとって、イエスが十字架を背負いゴルゴタの丘を登った真似事であるが、その善行は神に応答する実践的信仰として理解することができる。大津は、「母なる河」「愛の河」へと人々の悲しみを運び届け続けた。大津の信仰の到達点は「祈り」とも受け止められる言葉に表わされている。

……玉ねぎがヨーロッパの基督教だけでなくヒンズー教のなかにも、仏教のなかにも、生きておられると思うからです。思っただけでなく、そのような生き方を選んだからです

(三〇〇～〇一)

大津が倣うイエスの生き方は、利他忘己の究極である。それは自分の信仰を主張せず、強要せず、多宗教の信徒たちと共によごれたアチャラを着て、行き倒れの人々の望むとおりに母な

る河へ運び続ける実直な実践的姿である。宗教多元主義は、神がすべての宗教において働きを示していることを信じ、認め、万人の救済を仮説とする。神は自己啓示者としてのみならず、聖化する実在として理解される。そして宗教的権威主義の諸形態、つまり特別な啓示を最高の真理とする聖書主義、教会主義、儀礼主義、秘跡中心主義を否定する。

現実とのはざまで

神の愛を信頼し、イエスを真似て生きる司祭や信徒の生き方は、資本主義に生きる一般人から見ると「馬鹿な生き方」に映る。遠藤はそれを認知しているし、世界のどこにも貧富の差があり、宗教間の対立がなくならないという現実も直視している。八章以下において、美津子、ナレーター、江波の三人を通して怒りが吐き出される。沼田はガート近くで物乞いをしている子供、指をすべて失った「ハンセン氏病」の男女を直視して、「同じ人間だ」「この人たちも……同じ人間だ」(二六二)と泣き出しそうな声を出す。しかし、それに対して美津子は返事をしない。「三條や沼田のような安っぽい同情は美津子をいらいらとさせる。愛のまねごとはもう欲しくなかった。本当の愛だけがほしかった」(同)

沼田が行き倒れの老人にまいた小銭の音は「むなしさと無力の響き」（二七三）がした。行き倒れの老人に何かをしてあげないのかと、他人事のように問う観光客に江波は「何をしてやればいいんです」、「行き倒れは、この国では、このばあさん一人じゃないんだ」（三四八）と怒りをあらわにする。さらに、諸宗教間の対立がナレーターによって語られ、美津子の怒り、哀しみが表現される。

時折、喧騒が町から伝わってくる。ヒンズー教徒がまたシーク教徒を襲っているのかもしれぬ。それぞれにおのれが正しいと信じ、自分たちと違ったものを憎んでいるのだ。

復讐や憎しみは政治の世界だけではなく、宗教の世界でさえ同じだった。この世は集団ができると、対立が生じ、争いが作られ、相手を貶《おとしめる》めるための策略が生まれる（三〇七）

……人間の連帯は愛ではなく共通の敵を作ることで可能になる。どの国もどの宗教もながい間、そうやって持続してきた（三一六〜一七）

至るところで憎しみが拡がり、いたるところで血が流れ、至るところで戦いがあった。

……憎しみがくすぶり、血が流れているのは印度だけではなく、イランとイラクの戦も泥沼に入り、アフガニスタンでも戦争が続いていた。そんな世界のなかで、大津の信じる玉ねぎなどの愛は無力でみじめだった。玉ねぎが今、生きていたとして、この憎しみの世界には何の役にもたたない、と美津子は思う（三三八〜三九）

行き倒れの人々を「母なる河」に運び続けた大津は、カメラマン三條の犠牲となって死に向かう。美津子はしゃがみこみ叫ぶ。

本当に馬鹿よ。あんな玉ねぎのために一生を棒にふって。あなたが玉ねぎの真似をしたからって、この憎しみとエゴイズムしかない世のなかが変わる筈はないじゃないの。あなたはあっちこっちで追い出され、揚句の果て、首を折って、死人の担架で運ばれて。あなたは結局は無力だったじゃないの。（三四五）

「強さが何にも勝る」という論理が横行する社会において、弱者は排除される。しかしキリスト教はその論理を転換する。[6] イエスの死は「贖罪」（赦しの教義）として理解される。神の子であり、人となったイエスが、自らでは贖うことのできない人間の罪を十字架の死によって贖い、神と人との和解をはたした。イエスの死には現実の社会体制を変革する力はなかった。しかしキリストは、「死して復活せる者」として、人々の心に生きて、心に働く救済者となった。人は弱ければこそ、恐れと不安と絶望の中にも自分を神に委ね、甦ったイエス（神）が自分と共に生きて働いているという信仰に生きることができる。イエスの自己犠牲的な愛は、大津に甦り、美津子へと転生していく。遠藤が提示する神の業、「救い」とは、神の不変の愛を救いの根源として信じること、つまり人は神の愛の中に常にあるという信仰である。

遠藤は『深い河』において、神（イエス）は愛、命のぬくもり、トマトともタマネギと呼んでもいいと言う。神は「人間のなかにあって、しかも人間を包み、樹を包み、草花をも包む、あの大きな命」（一九二）、そして「それしか……この世界で信じられるものがありません」（三五〇）と、神を「それ」という人格とも非人格とも捉えがたい形で語る。「それ」がいかに呼ばれようとも、人々は現実の社会において、互いの異質なものを心から理解しようと努力し、苦しみ、哀しみ、怒り、共存の道を探るのである。安っぽい同情や無関心から信頼関係は生まれない。宗教多元主義は相手の生き方を尊重するとともに、他者への信頼に生きることでもある。

洋の東西を問わず、古来、人々はさまざまなイメージやメタファーを用いて神を表現してきた。遠藤もまた、信仰体験を通して神の恩寵を文学に表現した。最後に『深い河』に導入されたメタファーを解読することにより、登場人物に向けられた神の「恩寵」（救済）の一部を判読する（以下、傍点は引用者）。

三　神の恩寵

①戦友の肉を食べたことを告白した塚田、その痛みを理解した木口には、窓の彼方に灰色の空に三羽の鳥が三角形をつくって飛び去っていくのがうつった。その鳥たちが木口には、まるで何か人生の深い意味を教える象徴にさえ思えた（二五八〜五九）。

灰色　追悼と謙遜を意味する。

三　三位一体（父と子と聖霊）。

鳥　鳥一般は崇高なる魂のシンボル、霊性の暗示（鳩＝平和と清純のシンボル）。

②インドに着いた旅行客がバスでヴァーラーナスィーへ向かう夜道での体験。……突然、

遠くに光の一点が見え始めた。臨死体験者たちは闇のトンネルの奥に光の一点を見る(二七七)。

闇　悪魔は闇の主、それに対して、神の治めるところは光に満ちている。

光「わたしは世の光である。わたしに従う者は暗闇の中を歩かず、命の光を持つ」(ヨハネによる福音書八章一二節[7])。

③(磯辺)は床に流れる午後の白い光をじっと凝視していた。……同じようにその白い光を見ながら美津子も自分の部屋のオレンジ色のソファに腰かけていた。(チャームンダーを回顧)窓からさしこむ白い光は、彼女にまた放課後のクルトル・ハイムのチャペルを、突然、思い出させた(二八五)。

白　霊魂の無垢、清純、生命の神聖さのシンボル[8]。また、白は光の色でもある。

④(瀕死の人を背におぶって)大津は歩き出した。この時ようやく町に朝の光がさしはじめたがそれはまるで、やっと神が人間の苦しみに気付いたかのようだった(三一四)。

夜明け　キリストの再臨のシンボル。

⑤戦争が続き、至る所で憎しみが拡がる現実を直視している美津子が、神の愛は無力で何の役にもたたないと怒り、聖書の句「苦難の僕」を回顧する。この句は、「滑稽な大津、滑稽な玉ねぎ」（三三八）、そしてチャームンダーの姿へと連想が及ぶ。そのとき、一頭の痩せこけた牛がそばの石段で、美津子と同じようにそんな光景をうるんだ眼で見ていた（三四〇）。

牛　ユダヤ人が犠牲として捧げる家畜、忍耐と力のシンボル（犠牲であるキリストのシンボル・他の人たちのために黙々と働きながら軛につながれている人々を表す）。うるんだ眼　慈悲深い目、万物を照覧する神の力。

このように、『深い河』には、随時メタフォリカルな表現によって、「神の恩寵」（救済）が提示されている。それは、神の恩恵によって、救いは今、ここに現存し、人間に平等に与えられているという遠藤の信仰告白と理解することができる。

おわりに

遠藤は、当初、この作品を『河』と題して執筆していた。「河」は、キリスト教的理解では古い自分が死んで新たに生まれ変わる再生のシンボル、バプテスマ（洗礼）を表す。遠藤は、初校が組みあがった二ヶ月後にタイトルを『深い河《ディープ・リバー》』と変更している。[9]「深い河《ディープ・リバー》」は黒人霊歌（奴隷の讃美歌）である。奴隷として米国に連れてこられた黒人たちは、白人によって「牛」のように働かされ、人種差別の中で苦しみ、悩み、その孤独と悲哀を歌に託した。そして過酷な労働の日々を送りながら、それでも希望をもって生きようとした。彼らの信仰と祈りが、遠藤の最後の小説の題名となった。黒人霊歌の一節「深い河、神よ、わたしは河を渡って、集いの地に行きたい」が内カバーに記されている。

仏教徒としてガンジス河のほとり立った木口は、「河を見つめながら」（三二五）経を唱える。河は、その先にあって見ることのできない大海、つまり究極的実在に向かって流れていく。したがって「ガンジス河」も、「深い河」「愛の河」というメタファーとして捉えることができる。それはキリスト教という枠を超えた「大きな流れ」である。「ゆく河の流れは絶えずして、しかも、もとの水にあらず」（『方丈記』）という「静かな、大きな力」である。草木も人も動物も、皆、等しく尊い「命」が与えられていて、「大きな命」に繋がっている。全ての存在の背後に「大きな命」が存在し、人はその「大きな生命《いのち》」に身を委ねるとき、安らぎを得ることができる。そこには人種、老若男女、美も醜も、貧富の差や宗教の違いも、文化や国家を隔てる壁も存在しない。遠藤は、それを受容することが既存の宗教の枠組みを超越した「救い」、宗教の根本であると理解していたのではないだろうか。キリスト者遠藤周作の文学は、信仰告白が文学の形をとったものであり、私はそれを「愛と救済」そして「希望」の物語として受け止めている。

注

［1］「『深い河』創作日記」一九九二年八月一八日。遠藤は、『深い河』執筆中、日常や小説の紆余曲折などをノートに綴っていた。それが遠藤の死後発見され、『「深い河」創作日記』として一九九七年年に『三田文学』夏季号に掲載され、その後講談社から出版された。『遠藤周作文学全集』第一五巻、二〇〇〇年に所収。

［2］『深い河』からの引用は講談社文庫一九九六年による。なお、文中においてはページのみを括弧内に記した。

［3］一九九七年に出版された『「深い河」をさぐる』文芸春秋には、一九八六年～九四年までに行われた九人の専門家との対談が収められている。これらは、『深い河』の創作準備段階から創作後までのものであり、これらの対談から遠藤が作品を創作する際、数々のヒントを得ていることがわかる。

［4］美津子はエバのような悪女的イメージを持つ女性として描かれる（六五）。西洋のキリスト教的伝統文化においては、エバとマリアは「光と闇」、「浄化と汚穢」、「無垢と堕落」の象徴として提示される。

［5］遠藤は、同伴者イエスというイメージを第二期（一九六六〜八〇年）に展開した。一九八〇年に出版した『侍』のクライマックスにおいて、死を目前とした〔侍〕に一生随伴した家来が、「ここからは、あの方がお供なさいます」と語る場面で、このイメージは確立された。

［6］「主は馬の勇ましさを喜ばれるのでもなく、人の足の速さを望まれるのでもない。主が望まれるのは主を畏れる人、主の慈しみを待ち望む人」詩編一四七編一〇〜一一節。

［7］創世記一章二節〜五節、マタイによる福音書五章一四節〜六節、ヤコブの手紙一章一七節も参照。

［8］詩編五一章九節、マタイによる福音書一四章二節、マルコによる福音書二八章二節も参照。

［9］『深い河』創作日記」一九九二年一一月九日。

第一〇章　ジョン・ヒックの宗教多元主義再考——言表不可能な実在が意味するもの

はじめに

今日「多元主義」は、社会多元主義、文化多元主義、言語多元主義、福祉多元主義、政治多元主義等、様々な文脈において使用されている。これらは、現代における多様性をそのまま容認し肯定しようという時代の趨勢でもある。また、世界経済に見られるグローバル化・普遍化・全体化が優先される中で新たな価値観の構築が要請されている傾向をも表す。近代的知は、実験やデータが提示する確実な証拠・実証性を求める。「宗教の多元性」を科学的法則に照らして論証する自然主義（科学主義）の立場に対して、宗教多元主義はいかにして実証性を確保し得るのか。

私が参加している研究会では、宗教の多元性、また普遍性を理論と実証の両側面から研究する共同研究が進められている。[1] そこで私は、自分の研究の原点であるヒックの宗教多元主義を再考する必要性を感じた。神学におけるヒックの宗教多元主義（religious pluralism）は、世界の宗教多元性を理解する上での一つの仮説として提示された。多様な形態をとっている諸宗教やその中で人々が体験する宗教体験から要請されて導き出されたものに「虚焦点」という考え方がある。この点は「一」として表象されるが、これは要請されたものであって点そのものについては語り得ない。この限界性を認めた上で、それでもその顕現が多面的に存在することを否定することはできない。そこで、この点についての現象界における帰納的探求が始まる。そして虚焦点「一」への応答、神学が対象とする啓示に基づく知や宗教体験、霊的実践について論じ合うこと、またその多元性、曖昧性を論じるという試みがなされてきた。それを論証、実証する試みもまた然りである。

以下、私が立脚するヒックの宗教多元主義について、一、ねじれた議論を整理し、西洋キリスト教社会におけるヒックの宗教多元主義を再考する。その上で、二、ヒックの宗教多元主義の救済構造を前提とするモデルを紹介する。そして三、日本（東アジア）から提唱し得る宗教多元主義の可能性を提示し、言表不可能な実在の意味するものについて考える。

一　ヒックの宗教多元主義

ジョン・ヒックの提唱する宗教多元主義は、宗教の多元化状況を解釈し、意味づけをする仮説モデルであり、宗教全体を大きな枠組みで捉えるための一つのモデル理論である。

他者との共生という必然性からの出発

ヒックは、第二次世界大戦後の冷戦時代（一九四五～八〇年代）と近代化・グローバル時代（一九九〇～二〇〇〇年代）を生きた。つまり、ヒックは自国（イギリス・バーミンガム）が白人のキリスト教中心の社会から多宗教社会へと変化していく多元化現象を身をもって体験した人物である。イギリスは、二〇世紀初頭、近代化の流れの中で国内の経済発展を支えるためにインド・パキスタン等、アジア諸国から移民を受け入れた。シーク教徒、ムスリム、仏教徒等が大量に労働者として国内に移住し、人々はもはや白人キリスト教徒中心の国家として安住することが許されなくなったという現実に直面した。白人キリスト教信徒の不満が露出する中、ヒックは宗教が多数存在する現状、それぞれの宗教にコミットしている人々が共存しなくてはならない厳しい事実を受け入れることを推進した。非キリスト者が西洋のキリスト教絶対社会で敵対することなく混在し、共に幸せに生活するために、ヒックは「キリスト教絶対主義」に立ち向かった。

こうして地域における社会・政治・宗教問題と実践的に関わる中で、ヒックは宗教多元主義という新しい研究領域を構築、提唱した。

ヒックの宗教多元主義仮説

ヒックの宗教多元主義仮説は、以下の五つのプロセスを追って、順に形成された。

一．現実からの帰納的出発

前述したように、ヒックは他宗教の人々と積極的に関わりを持つという実践的な体験、また宗教の多元性が存在するという現象から帰納的に宗教多元主義という理論モデルを仮説として構築し、宗教の多元性を理解しようとした。何より、この出発点を忘れてはならない。

二．カントの応用

現世界において人々が様々な宗教にコミットし、様々な形で応答しているという現実から、ヒックはカント（一七二四～一八〇四）の認識論を応用して究極的実在（Ultimate Reality）という自己を超えて独立する対象を仮定した。カントは現象界と叡智界、本体そのものと人間の認識に顕現するものを区別し、人間を超え、独立して存在する叡智界における「物自体」（Ding an sich）を理論上要請した。そして「物自体」は、それ自体では意識されず、観察されないと論じた。つまり、人間は「神的本体そのもの」を認識することも経験することもできない。こうして、カントの認識論を援用したヒックは、レンズがあらゆる方向から光を受けても一つの点に収斂されるように、現象における「多」に対する叡智界「一」という帰納的構図（モデル）を仮説として提唱した。[2]

三．ウィトゲンシュタインの応用

「一」として要請された叡智界（神的本体そのもの）は不可知であるが、空虚ではない。ヒックは、次にウィトゲンシュタイン（一八八九～一九五一）の認識論「何かを何かとして見る」（seeing as～）という理論を応用する。虚焦点「一」として要請された「神的本体そのもの」は、異なる伝統や環境・文化の中に生きる人間の宗教的経験において「～として経験される」（experience as～）。神の領域は超カテゴリーかつ言表不可であり、それぞれの文化形態において経験され、解釈され、それぞれの言葉で語られる。であるから、虚焦点・実在そのものは超越的に、内在的に、はたまた人格的に、非人格的に様々な（多なる）形態で経験される。つまり「実在」は、これを知覚する者の仕方によって左右される（批判的実在論の立場）。人間によって経験された実在は、神性（ゴットハイト）、法（ダルマ）、在る者（エーン・ソーフ）、空（シューニヤター）として、多様に表現される。ヒックは宗教的教理ではなく、宗教と神との関係についての哲学説としての多元性を繰り返し重要な要素として述べている。[3]

四．事実と真実

ウィトゲンシュタインの言語論を援用して宗教体験に宗教言語の有意味性を認めたヒック

は、宗教言語の特殊性、つまり非記述的な言語機能に注目する。現象界に生きる人間は、叡智界の「神的本体そのもの」に応答しつつ「〜として経験」し解釈し語りそこに「救い・悟り・解放」を見出して生きる意味を得てきた。これは固有の信念形態（教義）を型どる解釈の働きとして提示される。キリスト教信徒は信仰告白（使徒信条）において神の全知全能性、天地創造、神の受肉、死人の復活、永遠の生命などの事実性・真理性を主張する。しかしそこで言われる「事実性」「真理性」とはどういうことなのかを改めて問わなければならない。そのためにここでは事実（fact）と真実（truth・faithfulness）の違いについて確認する必要がある。

近代の自然科学において強調される「事実」は論証・実証性が要求される。一方、宗教が対象とする「真実」は個々の人や共同体による宗教体験に基づくため、論証による実証性を論じることは困難だ。そこには信仰の次元が関与するからである。

科学的真理は事実性を強調するのに対して、宗教的真理は真実性を強調し、両者は意を異にする。[4] ヒックは宗教言語、とりわけ信仰内容を語る言語は文字通りの事実を記述するのではなく、隠喩《メタファ》（metaphor）・譬え・象徴をもって宗教的な真実性（faithfulness）を述べ、これを表出する言語として理解されるべきだと主張した。[5] ちなみにヒックは一九六二年に長老派の牧師職、そしてキリスト教哲学の教授職を追われた。その最大の理由としてヒックが「イエスの処女降誕説」の教義を「否定もせず、積極的に肯定もしなかった」ことにある。ヒックは処女からイエスが生まれたという歴史的事実性に対して懐疑的であり、処女降誕説は本質的な事項で無いと主張した。[6]それぞれの宗教教義には宗教的意味、宗教的な真理基準があり、それらは信仰する者にとって意味をもって経験され解釈され、真実性をもって継承されていく。これが宗教的真理としての真実の意である。

五．宗教多元主義理解

宗教多元主義は宗教の本質について議論するものではない。なぜならヒックは宗教を「静止的な実体」ではなく常に変動する「変動的な運動体」と捉えているからである。それゆえ、人類社会において複数の宗教が存在し、それぞれが相いれない宗教的真理を主張しているという事実を謙虚な姿勢で容認する。こうした寛容性は相対主義という批判を受けがちであるが、「多」は「一」の対概念として提示されているのであり、「絶対性」の対概念ではない。絶対性の対概念は相対性である。宗教多元主義は、諸宗教が相対的な関係にあることの「意味」を問題とする。ヒックは、宗教多元主義モデルにおける虚焦点「一」を文字通りの数量概念でとらえず、宗教の本質、「和」(Harmony)、「無」(Fullness)と捉えることをも受けいれた。[7]

このように宗教多元主義は、多様であるが故に自分の信仰する宗教以外の宗教、他宗教を信仰する人々にも独自の真理と救い、解放、悟りを認めようとする寛容な態度を促している。各宗教が唯一の実在に呼応しつつ存在している事実を認め、諸宗教が相互補完的な関係にあることを吟味し強調することがヒックの意図するところである。ヒックは決して信仰者が安易に改宗することを求めない。宗教多元主義はあくまで「現象界における宗教の多元性」を容認し、宗教体験の多様性、解釈の多様性を認め、多宗教を理解するための一つのモデルである。ヒックの宗教多元主義は、現代を生きる私達のために提示された宗教全体を大きな枠組みで捉えるための「宗教の仮説理論」である。

多宗教理解の三類型

英国のアラン・レース（Alan Race）は *Christians and Religious Pluralism: patterns in the Christian theology of religions*, orbis（1982）の中で、特定の宗教を信じる者がそれ以外の宗教に対して取る他宗教理解の態度に三つの立場があることを明示した。それが排他主義（absolutism・exclusivism）、包括主義（inclusivism）、多元主義（pluralism）という三類型である。当時レースは「キリスト教にコミットするキリスト教信徒が他の宗教をどう受け止めるか」という限定付きで他宗教理解の問題点に着目した。

一．排他主義は「教会の外に救いなし（カトリック）」「キリスト教の外に救いなし（プロテスタント）」というキリスト教の原理主義的特色を主張する。

二．包括主義はキリスト教徒以外はキリスト（救い主）を知らない無自覚的な信仰者であり、他宗教者はキリストの名における救いにまだ気づいていない信者であるから、「匿名のキリスト教徒（annonimus Christian）」であると主張する。この立場は第二バチカン公会議（一九六二～六五）で認可された主張でもある。

これらの主張はいずれも神の救済をキリスト教徒の間にのみ限定して議論される。つまり、ここで問題とされたのが「イエスこそがキリスト（メシア・救世主）である」というキリスト教社会における暗黙の了解であった。キリスト教は一神教とはいえ、教義上の三位一体説を主張する。神は子であるイエスと同格であるので、救いのプロセスの中心には「イエス・キリスト中心主義」が存在する。

三．多元主義は、キリスト教の絶対主義を超えて他宗教の存在をそのまま認めようとする立場をとる。つまり「神の普遍的救済の意志（universal salvific will of God）」が宗教的真理として前提されている。ここでいう神は究極的な神的実在としての集約的シンボルとして考えられる。[8] 各人は、神（究極的真理性）を追究する途上にあり、その全体像は「相互補完的」に見出される。ヒックは『神は多くの名前を持つ』の中で、「諸宗教の宇宙では神(神的実在)が中心にくるのであって、キリスト教でもなければ、他のどの宗教でもないという事実に到達しなければならない。神(神的実在)は光と生命の根源である太陽である。そしてすべての宗教はそれぞれ異なる方法によって、この神(神的実在)を反射している」と述べている。[9] イエス中心主義から神(神的実在)中心の救済という思考構造の転換は、宗教理解におけるコペルニクス的転回と称される。[10] ヒックの宗教多元主義はレースによって、キリスト教徒が他宗教を理解するための第三の可能な道として位置づけられた。

以上の議論は、二〇世紀初頭のグローバルな世界への移行に伴い、欧米のキリスト教神学者が自身のキリスト教信仰に立脚しつつ、他宗教者の信仰を理解する際の自己批判や課題として取り挙げられていった。当時のキリスト教社会では「宗教」が他の人々(移民)の生活をも基礎づける役割を果たしているという暗黙の了解が存在していた。そのような社会状況下においてヒックの宗教多元主義は、宗教の持つ排他的要素(宗教者が自身の信仰を告白するということは同時に、他者の信仰体系を排除する要素を含まざるをえない)に自己批判を加え、さらにそれを積極的に捉え直すことで他宗教との関わり方を模索するというエキュメニカル運動の先駆けともなった。

二　ヒックの宗教多元主義モデルにおける救済の構造

キリスト教の伝統的救済論では、神のロゴス（英知）が人として受肉し（三位一体の第二位格）神は人間の罪を贖うために十字架上で死に（代償説、贖罪論）人は罪から救われたと論じられる。ヒックは一九九三年にこの神学教義、特に受肉の教義を文字通りに解するのではなくメタファー（隠喩）として解すべきだと主張し[11]他文化における受肉の可能性を主張することで、複数の救いの道、諸宗教の神学の有効性を強調した。そして、諸宗教の接点は救済概念にあることに注目する。それは諸宗教が共通して人間の置かれた状況の改善や変革（自己変革）を主眼としているという事実であり、また各々の教団の説く救いの道に従えば限りなくより良い状態へと向かう可能性があり、実際に救いを手にすることができると宣言しているという事実である。ヒックは「救い」とは主要な世界宗教にみられる類似の機能を持つ「等しい救いの道」であると諸宗教間の相互理解を促す。ヒックは「救い・解放」という一つの単語を用いて救済の真意を説明する。[12]また仏教用語の「悟り・解脱」を加えることも憚らなかった。

楽観的救済構造

ヒックは西洋キリスト教の伝統的救済論であるイエス中心主義を踏襲せず、一神教の神（究極的実在）の普遍的救済の意志（universal salvific will of God）を救済論の原点とした。[13]この宗教的原理は、翻って新約聖書の（神は）悪人にも善人にも太陽を昇らせ、正しい者にも正しくない者にも雨を降らせてくださる（マタイによる福音書五章四五節）という聖句に立ち返って議論される。ヒックは「われわれと神との間に仲介者が必要であるとか、神からの赦しを得るためには贖罪死が必要であるとかいう示唆は、（イエスの教えには）まったくない」[14]と断言する。そして、偉大な世界宗教はそれぞれの救い・解放、悟り・解脱の道であり、信仰者はその信仰の枠組みの中において救済の過程にあり、神（究極的実在）の前での平等は宗教の本質であるという理解を明示する。ヒックの認める救済のプロセスは、自分中心《エゴ》の生活から、神（実在）との呼応の関係においてて徐々に新しい神的生活へと中心を移してゆくこと、すなわち「自我中心から実在中心への人間存在の変革（transformation of human existence from self-centredness to Reality-centredness）」にある。[15]それぞれの伝統内における呼応の関係はそれぞれ異なる形態をみせているが、最終的には良い結末へと結びつく、宇宙的過程の一部であるという（宇宙的楽観論（cosmic optimism））。

また、ヒックは宗教体験の正当性、真実性の普遍的判断基準を示唆する。ヒックは、聖者、菩薩、修行者、マハトマ、覚者等の聖人、あるいは歴史上の人物などの生き方は、光り輝いているると言及し、彼らは他から抜き出て神に近く、天命に沿ってだれよりも懸命に生き、その生き方で結実される道徳的・霊的な「実」は人々にインスピレーションを与え、そして、救いは「体験の結果だれが見ても分かる形で個人の生涯に現れる」と言う。[16] そして経験的にその個人が内面的に霊的にどのように実在者と関係し、人格や他の人々との関係に影響しているかは人間生活の中で結ばれる実（スピリチュアルで道徳的な実）を見ることによってしか評価することはできない、と述べる。この判断基準がヒック自身のキリスト教信仰に基づくものであることは十分察せられる。聖書には「茨からぶどうが、あざみからいちぢくが採れるだろうか。良い木が悪い実を結ぶことはなく、また、悪い木が良い実を結ぶこともできない。このように、あなたがたはその実で彼らを見分ける」（マタイによる福音書七章一六節〜二〇節）と記されている。

ヒックは、宗教体験のなかには崇高なものから馬鹿げたもの、さらには明らかに危険なものまであると述べ、それでもどの宗教にも共通基準として生活体験の積み上げからもたらされた道徳的・霊的な「実」があり、そしてどの世界信仰もその「実」に関しては優劣がつけられないと述べる。[17]

自我《エゴ》中心に生きることから、生かされてある自分を認識して自他共に与えられた生命《いのち》の尊さのうちに生きることへと開かれた人々は、宗教的実践の果たす役割を重視し、諸宗教の協力による対話や平和活動など実践活動へと導かれる。だからこそヒックは、諸宗教に生きる人々との対話を大切にした。諸宗教の信者との宗教間対話は体験的である。宗教的真理への態度を表す宗教言語を通じた対話にヒックはそれぞれの宗教の教える救済の普遍的構造を見出し、平和への道の可能性を促した。

宗教多元主義の四つのモデル

ヒックの宗教多元主義仮説はさまざまな解釈とともに日本国内で論じられ受容された。以下、四つのモデルを取り上げて考えを深めたい。

一・富士山型モデル

日本的宗教多元主義のモデルとして頻繁に使用されるのが、「分け登る麓の道は多けれど、同じ高嶺の月を見るかな」という古歌を例に、富士山に登る宗教者を例えて説明する宗教多元主義の構図である。身近なたとえとして提示されるが、全ての宗教の帰するところは一つという万教帰一の教えのようでもある。この構図では「月」がヒックの宗教多元主義における「実在」に対応し、人々が辿る巡礼の道が富士山道に相当する。いくつもの参道を上るのは、キリスト教者のみならず、神道の信仰者、仏教徒、貴賤を問わずの老若男女と想像される。しかしよくよく考えると、この富士山頂を目指すという多元主義モデルは精神的に極めて貧弱である。それぞれの登山者はお互いに会話もなく（無関心）、互いを気遣うこともなく（無慈悲）、それゆえ理解し合おうという試み（諸宗教間対話）は存在しない。頂上に登りつめたとしても、はたして月を愛でて同じ感動を分かち合っているのか、ましてや同じ月を愛でているのかもわからない。

二．群盲モデル

「群盲象を評す」というインド発祥の寓話がある。六人の盲人が「象」に触り、各々が象についてて語る。牙を撫でた人は象を鉄のように固い動物だと言い、鼻を撫でた人は木の枝のようだと言う。耳を撫でた人は扇のようだと言い、足を撫でた人は柱のような動物だと言う。尻尾を撫でた人は紐のような動物だと言い、腹を撫でた人は壁のような動物だと言う。つまり宗教を細分化して、一部のみを確かなものと評して満足してしまう。これは全体との関係を捉えていない神学論争の陥りやすい穴を見事に表現している寓話として紹介される。これもまた、日本の諸宗教が自らの教義や宗派に固執し、他宗教との宗教間対話に消極的である一面を表していると考えられる。

このモデルに対する批判は、最後の王様の答えだ。王は最後に六人の盲人に対して、皆が正しいと言い、それぞれが異なる部分を触っているからだという。そして、象は皆が言う特徴をすべて備えているという。神学論争においてこの王の役割、つまり全体が見渡せる役割をするのは一体だれなのかと問われる。[18]

三.『深い河』モデル

『深い河《ディープ・リバー》』はヒックと同世代を生きたカトリック作家、遠藤周作の晩年の小説のタイトルである。遠藤は『深い河』創作中、ヒックの提唱する宗教多元主義から大きな影響を受けた。[19]ヒックの提唱する究極的実在がどの偉大な宗教伝統においても人格的・非人格的に捉えられ、それに対する人間の応答には様々な形態が認められること、そして諸々の宗教伝統は同等に救済の道・救済の場だという主張に驚きと感動を示した。遠藤はヒックの主張する宗教多元主義が西洋において受容されつつあることに勇気づけられ『深い河』の創作意欲が掻き立てられ、後押しされる思いで終盤を書き終えることができたという。

『深い河』の登場人物の一人である日本人の司祭大津は、「神」という言葉がいやなら「愛のかたまり」でも「玉ねぎ」とも呼んでもいいと言う。まさに、ヒックの著書『神は多くの名前をもつ』のタイトルである。またクライマックスでは戦友の魂を弔う男とそれを見守るインド人の少女の構図が遠藤の解釈したヒックの宗教多元主義モデル（救済の構図）として解釈できる。男は「河を見つめながら」阿弥陀経を唱える。河はその先にあって見ることのできない大海に向かって流れていく。その男のそばにはヒンドゥー教の少女が同じ方向を見つめてひっそりと佇む。少女に男の唱える経やその意味は理解されていない。それでも二人は同じ方向を見つめている。『深い河』における日本的宗教多元性モデルは、宗教体験は共有されずとも、その先に存在する救済への希望は、大海（究極的実在）に向かう。

四．共通の基盤としての霊性モデル

私がイギリスに留学していた一九九三年の冬、ヒックの自宅に一泊した際、氏に「宗教多元主義を理解するためのモデルはいずれのものですか」と直接に紙に書きながら尋ねた。その際、氏はいつものようにほほえみ、しかしどれにも賛成されなかった。そして氏は宗教多元主義仮説を二次元モデル化することの危険性を語られた。その後の人生で、私は禅の師匠、ドミニコ会の修道者、イスラームのイマーム、ユダヤ神秘主義の女性など、諸宗教にコミットする人々と出会い、「自己の内面を掘り下げる」という宗教体験を学んだ。

ここに提示する、当時語ることのなかったモデルについて、今は亡きヒック氏は喜んでくれるだろうと、多少なりともの自負をもって紹介する。それは、各人が自身の信仰を三次元的な深みへと掘り下げることの重要性を示すモデルである。信仰の深みに共通の基盤が見いだされる救済構造は「実在」との呼応の結果生まれる自己の内面への振り返りであり、ユダヤ神秘主義の視点（宗教体験）〈Dig deeper という姿勢〉である。外へ、ではなく内面、無意識の深みへと向けられる解放のプロセスが救済構造の転換だと考える。これは諸宗教との対話体験から見いだした構造である。共通の基盤は、霊性（スピリチュアリティ）と言語化されうる。[20]

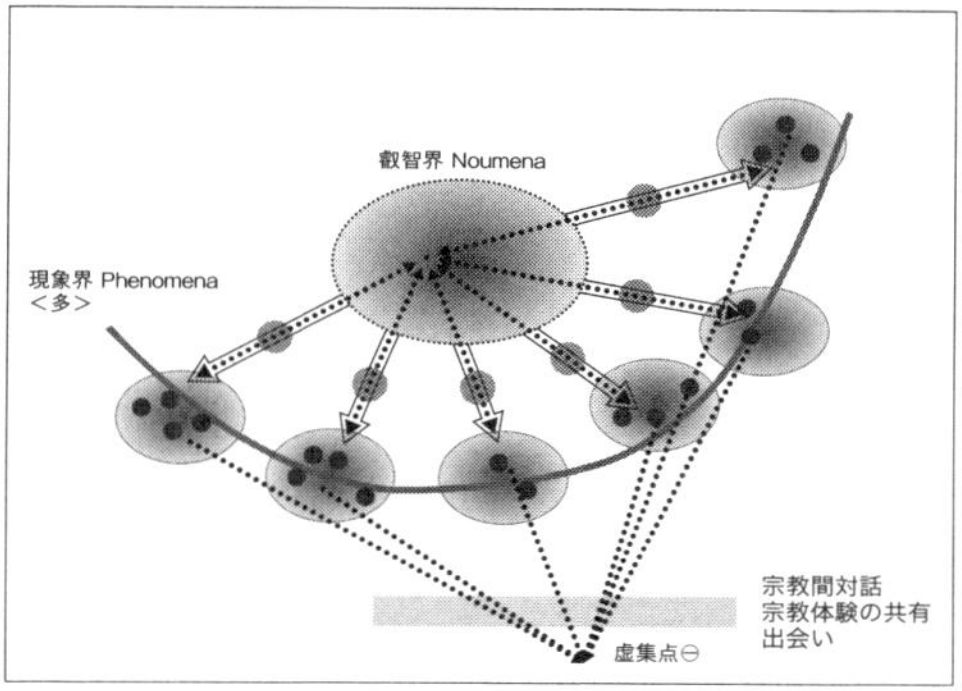

ヒックの宗教多元主義モデル再解釈（図）

三　超越性の徴（signals of reality）

宗教体験

ヒックの宗教多元主義仮説の前提の一つに、多様な形態に見られる世界各地の宗教体験は超越的実在の普遍的臨在に対する人間の応答であると信じることが合理的である、という考えがある。そうであれば「語り得ない実在そのもの」「カテゴリーを超えた実在」を探求し続けるという宗教多元主義の姿勢は、一体何を意味するのであろうか。この世界（現象界）における様々な現象は人々によって呼応（啓示、呼びかけ［call］に対する応答［response］）の関係において経験され、この宗教体験は物語として共有されうる。[21]しかし、宗教的生を生きる人々の経験、宗教体験、その物語の本質は実証され解明されることはないのだろうか。

前章において宗教多元主義モデルの一つとして扱った『深い河』モデルの構図は、遠藤周作が導き出した宗教多元主義における宗教体験の結論であると考えられるが、その結末は、遠藤が作品の構想を練っている終盤、勉強会に招待した間瀬啓允（一九三八〜）と門脇佳吉（一九二六〜二〇一七）の論争から導き出された結論としての宗教多元主義モデルだったと私は考えている。[22]門脇神父は「宗教体験は共有される」という立場であり、自身の体験から瞑想を通して他者に寄り添うことで以心伝心した宗教体験を共有することができると訴えられたにちがいない。一方、間瀬啓允は批判的実在論の立場から「宗教体験は共有されない」と主張した。この二人の宗教体験に対する立場の違いが研究会を主催した遠藤には「議論、というより喧嘩」として映り、それを独自に解釈した結果が作品中「宗教体験は共有されずとも、人々の救済への希望は、その先に存在する大海、究極的実在に至る」という救済の構造（『深い河』モデル）として表出されたと考えられる。

そこで今一度、父・間瀬啓允の宗教体験は「共有されない」という言葉足りない議論を娘としてして解説してみたい。

一九八〇年代に家族で米国のインディアン・カントリーを車で旅行していた時のことである。大雨の中で車を運転していた母は、大量の水が流れている中でブレーキを踏んでしまった。車は横に三、四回転し、タイヤが三つパンクして土手の脇すれすれの位置で停まった。パトカーで駆けつけたインディアンの警官は、車内のだれも怪我一つなく、土手に落ちることもなかったことは「奇跡だ!」と言った。三日後、無事旅行を再開することができたのであるが、出発後、間もなくして天空に一八〇度の大きな虹がかかった。その見事な美しい虹を見て、信仰深い母は神に感謝の言葉を発した。家族は誰もが無言だった。この体験の一〇年後、ある研究会で父は、この時の母の宗教体験は母独自のものであり、それは父と共有されていなかったと語った。当時の未熟な私は驚きなぜか悔しく涙したことを今でも忘れていない。しかし父は、宗教体験とは「独自の体験として意味をもつもの」であり、それは決して一〇〇パーセント共有されうるものではないが、それでも言葉によって語り、理解・共有されるものと信じて語る努力を怠ってはいけないということを教えてくれた。

本論に戻る。科学では説明しきれない神妙な世界の存在、わからないというクオリア、観察、実験、検証という実証主義的な知識には限界がある。しかしヒック自身にとって宗教多元主義仮説が確かなものでありえたのは、彼自身が「奇跡」を直接、体験しているからだ。[23]「奇跡」とは啓示、つまり神が直接、自然および人間に働きかけてくれること、呼びかけ、召命である。[24]

二〇〇六年、ヒックは自身の宗教体験を信じることが理性に適うものであるかという疑問を、脳神経科学の分野への関心として *The New Frontier of Religion and Science*（邦訳『人はいかにして神と出会うか』）の中で展開した。そこでヒックは、宗教体験とは果たして脳が作り出すでっち上げ、錯覚、あるいは妄想なのか、という否定しえない疑問に宗教多元主義の仮説から応答した。そして仮説を検証するという道筋から、さらに「終末論的検証」という理論を提示する。しかし、だれひとり迎えていない死後の世界について検証することは到底不可能なことだ。にもかかわらず言葉によって語ることを通して合理性を求め、科学を追求するという試みをヒックは続けた。つまり言葉によってすべてを語りつくすことができない宗教体験、見ること、検証することができない終末論にあえて挑戦し、検討を繰り返し、表現しようと知的に試みることが宗教体験における「真実」だとヒックは教示した。

新しい宗教性―無宗教者の宗教意識

グローバル化における移民の増加にともない、日本国内においても他者を理解する重要な鍵として「宗教を多元主義的に理解すること」が身近な問題となっている。そこで日本的な宗教多元主義の在り方について考えてみることは、今日のグローバル社会を生きる日本人の生き方を考える上でも重要である。

私は二〇〇五年から約一〇年間、二〇歳前後の学生を中心にアンケートをとっている。[25] そこから見えてきた現代日本に生きる若者たちの宗教意識の特徴は、既存の宗教には無関心であっても、何かを尊び信仰することに関して否定的ではないということだ。そこで、次に日本の宗教多元主義の新しい宗教性を考えるうえで注目される研究について言及する。

無自覚宗教者

帝京大学の濱田陽（一九六八〜）は、日本の宗教多元的状況において宗教多元主義を学ぶ際に考慮しなくてはならないのは、多数を占める「無自覚宗教者」の存在であり、無宗教者も宗教に対して基本的な尊重を示していることを学ばなくてはならないと主張する。[26] 氏が提唱するインターレリジアス・エクスペリアンス（複数宗教経験）の学びとは、日本人が「自らの宗教・無宗教に根差しながら、必然的に他の宗教・無宗教に関わり、その過程で相互の限界を乗り越える継続的な経験総合」だとその必要性を訴える。[27]

専心主義者

大正大学の星川啓慈（一九五六〜）はレースの三類型から転じて、専心主義というカテゴリーを提唱している。専心主義とは、自分の信じている宗教と違う宗教が正しいものであるか間違っているかどうかは自分にとって重要ではなく、「私は只ひたすら私の宗教に取り組む」という人々を指す。関東学院大学の渡辺光一（一九六〇〜）はそれらも含めた多様な類型を様相論理学的な観点から用意し、大阪大学の川端亮（一九五九〜）らと共同で体験談を用いた態度変容の実験を行った。[28]それによれば、諸類型が必ずしもその定義どおりの反応をもたらすとは限らず、多元主義にはある適切水準があることが示唆され、過度に宗教的ではない「緩い信仰」に注目すべきことが提唱された。

このような知見からすると、宗教の真理への強い信念を前提としない文化的脈絡において、日本のようなキリスト教徒がマイノリティの立場にある状況においては専心主義的な態度は有利に作用している可能性があり、不可知論的信仰者が多数存在する汎多神論的・文化的脈絡における新しい類型として注目するに値すると私は考えている。

「言表不可能な究極的実在」の意味するもの

宗教体験において語り得ないものを語るという試み、語り尽くせないものを伝え表現しようとする試みはまさに挑戦である。それは聞く耳を持たない者には届かず共有されず理解されない、むなしい試みであるかもしれない。しかしヒックは言う。

> 宗教とは、究極的な、言語に絶する、超越的実在者に対する、さまざまに文化的に形成された、人間の側からする応答のことであり、この応答をなすために多様な概念体系をとり、それゆえにまた、多様な宗教体験の形態をとる、ということになる。実在者ないし超越者――その本性は私たち人間の概念の範囲を超え、超カテゴリーである――は、もし人間の宗教体験がグローバルにみて妄想でないなら、かならず存在するはずの者である。私たちはその者自身を知ることはできないが、その者によって私たちは影響を受けるので、私たちはその者を確かに知っているのである。そして、一なる実在が存在するのであって、多なる実在ではないということは、もっとも単純な仮説である。[29]

ヒックの宗教多元主義仮説において、「言表不可能な究極的実在」を人間が体験し、解釈し、表出することは可能である。宗教多元主義者として真摯に生きる者にとって、宗教体験はその深みにおいて「意味を持つもの」として真に体験される。

また、宗教体験を理解する状況には意味のレベルがある。そして個人もしくは教団の人々にとって、その経験が、物理的、倫理的、社会的、美的、宗教的の、どのレベルにおいて経験され、意味を持つものになったのかに気づくことが大切である。ヒック自身は「私たちにとって意味を持つものとして体験されるとき、私たちは全体的な解釈をしている」[30]という意味深長な言葉を残している。こうした経験は信仰によって具体的に宗教体験として解釈される。信仰とはヴァイタルな宗教的意義を帯びる何ものか（出来事や過程）に支えられている。宗教的に全体的な解釈をするということは、宇宙を下支えする究極的な実在が、私たち人間の言葉で言えば、「良いもの」あるいは「親愛なるもの」であると信頼することであり、それらが人類の宗教史の中で、宗教の教義として固められていった。

ただしヒックと、彼の宗教多元主義仮説を理解する者にとって宗教体験はあくまでも「批判的信頼という原理（人間が生きていく上で拠り所となる原理）[31]」に基づいており、その上で個人は「信仰者として生きる」という確固とした信念に立つ。ちなみに言えば、ヒックの葬儀（二〇一二年二月二〇日）では聖書（コリント人への第二の手紙一三章八節）が朗読され、続いて氏が愛したクエーカー教徒のウィリアム・ペンとジョージ・フォックスの言葉、ノリッジの聖ジュリアンの言葉、イスラーム神秘主義者ルーミーの言葉、マハトマ・ガンジーの言葉が、親族や友人によって朗読された。ヒックは「キリスト教信仰者のひとり」として九〇年の尊い生涯を終えた。

おわりに――宗教多元主義の役割

ヒックの宗教多元主義を日本に紹介してきた宗教哲学者間瀬啓允は、宗教的多元社会の成熟に向けて「グローカル」というグローバルとローカルという二つの関心事を統合した哲学を提唱する。それは、諸宗教のグローバル化、普遍化を見据えての諸宗教のローカル化、特殊化、多元化を自覚する姿勢である。グローカルとは、普遍と特殊という対概念の優位性を問うのでも、同化させるのでもなく、互いの緊張関係のなかで互いを結びつける概念であるという。

グローカルな視点の下で、普遍は特殊なもののうちに、一は多なるもののうちに、全体は部分のうちに見出されることになる。そうすることによって、文明の多様性、民族の多様性、宗教の多元性が受け入れられ、諸多性における共通性が大切なものとして認識されるようになる。こうしてはじめて真の多元主義への道は開け、多元的社会の成熟が望めるのである。[32]

思うに、グローカルは国境を越えた人類共通の真理、普遍的宗教性の探求への道である。宗教や礼拝形式が異なっても本質的に異ならないものがある。それは、宗教者や礼拝者がより高い実在にむけて心を開いているという事実である。つまり「心を開く」ということは、信頼し、委ねる存在が「在る」ということに始まる。そして聖俗どちらの思考のもとでそれを体験しようとも、それに応答して生きるということを意味するのである。ヒックは、キリスト教のメッセージは神の実在と善性と愛、およびその結果としての「互いに愛しあいなさい」という召命に尽きると言っている。[33]

葛藤の中で、他者を受け入れる寛容な宗教心は育まれていく。自己中心で、過激で、排他的な姿勢からは他者を理解することはできない。自己の信仰に対するほんの僅かな懐疑、間違っているかもしれないという謙虚な思い、相手から学ぶ姿勢を、私はヒックの宗教多元主義から学んだ。この研究姿勢を根底に、私は宗教研究を続けている。

注

［1］科学研究費助成事業研究「生命主義と普遍宗教性による多元主義の展開――国際データによる理論と実証の接合――」（基盤研究A、大正大学星川啓慈代表）二〇一三～一七。

［2］「二」へと還元する還元主義だという批判もありうるが、ヒックの提唱する宗教多元主義においては宗教的本質の同一性の要請こそが特色である。

［3］Hick John, *The Fifth Dimension*, Oxford, Oneworld, (1999) 88-90.

［4］芦名定道「戦後・組織神学の歩みと課題」二〇一五年、『福音と世界』新教出版所収、六～一三頁。氏は、「宗教的経験との接続を通した実証性の確保」において「神学が対象とする啓示に基づく知について単純な実証性を論じることは困難であるとしても、組織神学的言明と聖書テキストとの関連付けの実証性、あるいはキリスト教的生を生きる個々の人や共同体の経験との実証的な繋がり（接続）を無視することは不可能である」と主張している。

［5］一九七七年、ヒックは *The Myth of God Incarnate*（『神の受肉の神話』）London, SCM Press (1977) を出版。この著書はブルトマンの非神話化の先駆けとして読むことも可能である。また八木誠一（一九三二～）のキリスト教と仏教の対話へと引き継がれると私は考えている。『キリスト教の絶対性を超えて』春秋社、一九九三年参照。

［6］ヒック（間瀬啓允訳）『宗教多元主義（増補新版）』法藏館、二〇〇八年、第一章参照。

［7］一九九三年、会議の後でヒック氏のセリオークの自宅に宿泊させていただいた夕食後に筆者が本人に直接、問いを投げかけた際の返事である。その後、私はブリストル大学に修士論文を提出した。その論文

はヒックに認められ、氏の著書 *The Rainbow of Faiths* SCM Press, London（1995）Appendix II に論文名が掲載された。

［8］The personal God is a projected personification of our human ideals. It's 'a unifying symbol that eloquently personifies and represents to us everything that spiritually requires of us.' Hick, *Between Faith and Doubt*, New York, Palgrave Macmillan,（2010）31. 引用部は Don Cupitt の言葉。

［9］ヒック（間瀬訳）『神は多くの名前を持つ』岩波書店、一九八九年、一一〇頁。（　）は筆者が補った。

［10］天文学における天動説（プトレマイオス）から地動説（コペルニクス）への転回にちなんで命名された。

［11］ヒック（間瀬啓允・本田峰子共訳）『宗教多元主義への道』玉川大学出版、一九九九年。

［12］Hick *The Metaphor of God Incarnate*, Westminster, John Knox Press,（1993）134.

［13］Hick ibid.（2010）159-166.

［14］ヒック、前掲書、一九九九年、一六五頁。（　）は筆者の挿入。

［15］Hick *An Interpretation of Religion*, London, Yale Univ（1989）301.

［16］Hick *The New Frontier of Religion and Science*, New York, Palgrave Macmillan,（2006）. Chapter 4 "By Their Fruits You Will Know Them".

［17］ヒック、前掲書、一九九九年、一七五頁。

［18］ヒックは「われわれは神的〈実在そのもの〉と、その〈実在〉に対する部分的な人間の覚知との両方を眺め渡すことのできるような、優位な立場にいるわけではない。神的現象の広がりとして人間に経験される究極的な神的本体（ヌーメノン）という仮説には帰納的に到達している、と答えている。Hick, *Problems of Religious Pluralism*（1985）2008: 170-172. その後も Keith E. Johnson 等によって批判は呈されている。Cf. Johnson, *Rethinking the Trinity & Religious Pluralism: An Augustinian Assessment* IVP Academic,（2011）.

[19] 遠藤周作『『深い河』創作日記』講談社、一九九七年、二四〜五頁。「数日前、大盛堂の二階に偶然にも棚の隅に店員か客が置き忘れた一冊の本がヒックの『宗教多元主義』だった。これは偶然というより私の意識下が探り求めていたものがその本を呼んだというべきだろう。…この衝撃的な本は一昨日以来私を圧倒し、偶々、来訪された岩波書店の方に同じ著者の『神は多くの名を持つ』を頂戴し、今、読みふけっている最中である」(一九九二年九月五日)。

[20] ヒック(間瀬啓允・稲田実共訳)『人はいかにして神と出会うか』法蔵館、二〇一一年、二二八頁。思うにヒンドゥー教や仏教から学ぶべきものは、現在の個性の無意識の深みに、さらに深い道徳的・霊的な本質がある、という考え方である。この本質は肉体的な死を超えて、一つの新たな意識的個性に受け継がれ、あるいは多くの新たな意識的個性に脈々と受け継がれていく。

[21] ヒックは「啓示」という言葉についても注意を払っている。氏は啓示について「すべての純粋な宗教的知覚は神的実在の包摂的な現臨とその先行的な圧力とに対する対応なのだ」と述べている。ヒック、前掲書、二〇〇八年、一七三頁。

[22] 遠藤、前掲書、一九九七年、三八頁。「月曜会。ヒックの神学についての話。パネラーの間瀬教授と門脇神父の間にイエス論をめぐって激論。というより喧嘩。外は激しい雨。司会者の私はヒックの考え方と従来のキリスト論の間に引き裂かれて当惑した」(二〇一二年一〇月七日)。

[23] ヒック、前掲書(間瀬・稲田共訳)、二〇一一年、二二二〜二二三頁。

[24] ドイツの神学者カール・バルトも奇跡が起こるのは神の救済活動のしるしであることを認めており、古くは中世の教父トマス・アクィナスも奇跡が起こせない神は万能の神ではないという理論を展開している。

[25] アンケートの項目の中には以下の三つが含まれている。問一：私は宗教を信仰している、問二：私は無宗教である、問三：信仰心は大切だと思う。アンケートで学生は○△×のいずれかの解答を求められて

いる。データから、自分を「無宗教者」として回答する学生が毎年七〇～八三％を占める。また、それらの学生で問三に対して「信仰心は大切だと思う」と回答する学生も同じパーセンテージを占める。青山学院大学真鍋一史教授より「日本とドイツの宗教意識の比較分析」を紹介してもらった。そこで「宗教を信じていますか」という質問文が「宗教的な心」と「信仰」とで測っているものがずれている可能性があることをご教示いただいた。真鍋他、二〇一四年。

［26］濱田陽「インターレリジアス・エクスペリアンスの学」、間瀬啓允『宗教多元主義を学ぶ人のために』世界思想社、二〇〇八年所収、二四六～六五頁。「多数」とは氏の統計結果の三分の二を占める無自覚宗教者（宗教的無宗教者＝信仰していないが宗教の心が大切）である。「日本の宗教多元的状況」とは「無宗教者にとっての宗教多元状況」であり、少数派である宗教信仰者は、かれらに尊重されているということだと論じている。

［27］濱田は五つの要素を提示する。一．自らの宗教・無宗教に根差していること、二．必然的に関わること、三．他の宗教・無宗教に関わること、四．相互の限界を乗り越えること、五．継続的な経験総合であること。

［28］注3を参照。

［29］ヒック、前掲書（間瀬・稲田共訳）、二〇一一年、二四〇頁。

［30］Hick ibid. 2010: 76-79, 215.

［31］同右：vii. 107-113. 「盲目的信頼ではなく、原理上、いつでも修正のできる批判的信頼」

［32］間瀬啓允「宗教のグローカル化と宗教多元主義の新しいシナリオ」星川啓慈・山梨有希子編『グローバル時代の宗教間対話』大正大学出版、二〇〇四年所収、二三三～七二頁。

［33］Hick ibid. (2006) 180: The Christian message is of the reality and goodness and love of God and the consequent call to love one another.

おわりに

踏み絵

二〇一六年は遠藤周作の『沈黙』発刊五〇周年、『深い河』発刊二〇周年記念、二〇一七年はマルティン・ルターの宗教改革五〇〇周年記念の年であり、この二年間は私にとって感慨深い年となり、今までの研究をまとめようと思い立った。

私のキリシタン研究の原点は『沈黙』にある。何度も読み返し、何度もカクレの郷に足を運んだ。そして今、一つの問いが頭の片隅から離れない。『沈黙』のクライマックスでロドリゴ司祭が背教する瞬時に耳にした「踏むがいい」という言葉は、英語では"Trample!"という命令文で翻訳された。以前私は自著でこの英訳を批判し、"You may step on it…"と訳すほうが、遠藤の主旨に適うと主張した。ちなみに二〇一七年にマーティン・スコセッシ監督が映画化した作品では命令文は使用されていない。しかし今、その訳者の神学的意図も理解できるように思う。

その理由の一つは、踏み絵が「偶像」であるということだ。一神教の聖典は、第一の戒めとして「何ものをも神としてはならない」と厳しく偶像崇拝を否定している。英訳したウィリアム・ジョンソン（一九二五〜二〇一〇年）はイエズス会の神父であった。足下に踏み絵（イエスの像）が置かれたとき、それを単なる偶像と理解すれば、間違いなく足を下ろし踏むことができる。そして、その行為は正当な行いとして肯定される。今は亡き神父にその本心を尋ねることができないのは残念であるが、もしかしたら氏は偶像崇拝に変容しつつあった日本のキリスト教信者たちに警鐘をならすべく神父としての立場から「偶像は踏みなさい！」と意訳されたのかもしれない。そう解釈すれば、ロドリゴが追及し続けた西洋的な厳格な神も、また日本という泥沼で偶像崇拝化する神も、ともに脱構築されることになる。

このような理解が許されるとしたうえで、隠れキリシタンが、毎年「絵踏み」を行ってきたという事実について考えてみたい。カクレキリシタンの信仰を研究してきて気づいたことは、キリシタンたちが「踏む・踏んだ」ものは、やはり単なる偶像ではなく「生きる聖物」だったと確信するからである。これまでの研究から言えることの一つは、先祖が残した遺品は「聖遺物」として、そこにアニマが宿っているかの如く崇拝されているということだ。「崇敬」ではなく「崇拝」されている。先祖が残した遺品（イコンやメダイ、その他の遺物）にはアニマが宿っており、信仰すべき対象である。であるから、村の信仰を継承する者がいなくなった際の最も大きな問題は遺品の始末だった。魂抜きの儀式を経ても彼らは引き取り主を懸命に探し、決して粗末に扱わない。このようにアニマの宿る聖なる像を、彼らは決して踏むことはない。政治的圧力に屈して踏んだとしても、転んだ先祖たちは自らを恥じて鞭打ち、懺悔して信仰戻しの儀式を通じて自分たちを責め続け、キリシタンの共同体に戻った。彼らには戻る場所があったからこそ、生きることを選択できたのである。

開国後、長崎の地に再び足を踏み入れた宣教師たちは、隠れの信仰をことごとく否定した。再度「洗礼」を施されてカトリック信者に改宗した者のみが「正統な」クリスチャンとして認められ、新たな共同体を形成した。そして信仰共同体は三つのグループ（仏教、カクレ、カトリック）へと袂《たもと》を分かつことになった。

もしも開国時に到来した宣教師がルターのように「原点に戻れ」「聖書をよめ」という改革を当時おこなっていたなら、そして隠れが口伝した『天地始之事』と聖書の比較研究が積極的になされていたならば、カクレキリシタンたちの信仰、共同体が損なわれることはなかったであろう。「隠れ」の信仰・生き方を日本の特殊な環境での宗教混迷現象と一笑に付すのではなく、人類に普遍的な問題が内在されているということに気づいてほしい。

「踏め！」であれ、「踏むがいい」であれ、聴こえたのは、殉教者のみならず、棄教者にも背教者にも、苦しむ万人を救うために発せられた神の声だった。そして、その限りなく深い愛に導かれたヒック先生のたどられた道、また遠藤文学と共に私が歩んできた道が「宗教多元主義の道」であった。すべてを救わんとされる神の普遍的な愛 universal salvific will of God の尊さについて、改めて考えている。

宮崎賢太郎先生に託されたマリア観音

本書出版にあたり、最初から最後まで適切な助言とともに励ましてくださった春風社の三浦衛社長、編集長岡田幸一様、石橋幸子様、ありがとうございます。これまでのキリシタン研究を支えてくださった杉野栄牧師、宮崎賢太郎先生、東馬場郁生先生、狭間芳樹先生、研究仲間の皆さま、いつも温かい眼差しで調査にご協力くださった信徒の皆さま、お一人お一人に感謝しています。

最後になりましたが、本書の刊行にあたり、桜美林大学からは学術出版助成をいただきました。感謝とともに記させていただきます。ありがとうございました。

二〇一八年八月七日

長谷川（間瀬）恵美

初出一覧

第一章

「母なるものを求めて――遠藤周作文学と古神道」（『三田文學』二〇〇六冬季号　慶應義塾大学出版会、二〇〇六年）一八六～九七頁。

第二章

「遠藤周作とキリスト教の実生化」（『アジア・キリスト教・多元性』第八号、現代キリスト教思想研究会、二〇一〇年）五五～六六頁。本章は日本宗教学会（二〇〇九年九月、於京都大学）での口頭発表「遠藤周作の思想【母なるもの】再考」に基づいている。

第三章

「キリスト教の「実生化」――宗教と文化の出会いの一考察」（『日本の近代化とプロテスタンティズム』上村敏文・笠谷和比古・編、教文館、二〇一三年）一九五～二一一頁。本章は国際日本文化研究センターでの研究発表（二〇〇九年四月、於京都）で発表した内容に加筆、訂正した。

第四章

「日本におけるキリスト教の受容と理解——根獅子キリシタンの場合」（『教会と宣教』第一二号、日本福音ルーテル教会　東教区宣教ビジョンセンター、二〇〇六年）六四～八一頁。

第五章

「キリスト教の実生化——茨木カクレキリシタンに聴く」（『宗教研究』第二二集、慶應宗教研究会、二〇〇九年、西田久美子・共著）六〇～六八頁。

第六章

「長崎に伝承される聖書物語『天地始之事』現代語訳（前編）」（桜美林論考『人文研究』第四号、桜美林大学、二〇一三年）。

「長崎に伝承される聖書物語『天地始之事』現代語訳（後編）」（桜美林論考『人文研究』第五号、桜美林大学、二〇一四年）。

第七章

「キリシタン神学の可能性——『天地始之事』を巡って」（桜美林論考『人文研究』第六号、桜美林大学、二〇一五年）。本章は日本宗教学会（二〇一四年九月於京都）天理きりしたんワークショップ（二〇一四年一〇月）で発表した原稿に加筆・訂正した。

第八章

「隠れ（Crypto）の信仰・生き方に学ぶ――キリスト教の実生化」（『遠藤周作研究』第四号、遠藤周作学会事務局、二〇一一年）（一）～（一六）頁。本章は第五回遠藤周作学会全国大会（二〇一〇年九月於長崎）で「遠藤周作と隠れの信仰・生き方」と題して発表した原稿に加筆・訂正した。

第九章

「愛と救済――遠藤周作『深い河』」（『宗教多元主義を学ぶ人のために』間瀬啓允編、世界思想社、二〇〇八年）二二七～四四頁。

第一〇章

「John Hick の宗教多元主義再考――言表不可能な実在が意味するもの」（桜美林論考『人文研究』第七号、桜美林大学、二〇一六年）。本章は日本宗教学会（二〇一五年九月於東京）において口頭発表した原稿に基づいている。また、本研究の一部は科学研究費助成事業研究「生命主義と普遍宗教性による多元主義の展開――国際データによる理論と実証の接合」（基盤研究A　大正大学星川啓慈代表、科学研究費番号 25244002）の助成を受けた。

【著者】長谷川（間瀬）恵美（はせがわ・ませ　えみ）
一九七〇年生まれ。
桜美林大学リベラルアーツ学群 人文学系 宗教学専攻主任　准教授。
東京女子大学文理学部哲学科卒業後、ロータリークラブ国際親善奨学生としてブリストル大学（英国）宗教学研究科に留学（宗教学・修士）。横浜ＹＭＣＡ国際ホテル・トラベル専門学校に勤務後、ルンド大学（スウェーデン）神学・宗教学研究科より招聘を受け、国際共同研究員として研究に従事、博士課程修了（博士・神学）。

単著
Christ in Japanese Culture: Theological Themes in Shusaku Endo's Literary Works (Brill, 2008).

その他
「愛と救済」（間瀬啓允編『宗教多元主義を学ぶ人のために』世界思想社、二〇〇八年）。
「魂への配慮：Spiritual Care」（桜美林大学国際学研究所編『東日本大震災と知の役割』勁草書房、二〇一二年）。
「キリスト教の実生化――宗教と文化の出会いの一考察」（上村敏文・笠谷和比古編『日本の近代化とプロテスタンティズム』教文館、二〇一三年）。
What Christians Can Learn from Japanese Religions, *Interfaith Dialogue—Global Perspectives* (Macmillan, 2016). 他。

深い河の流れ――宗教多元主義への道

二〇一八年八月三一日　初版発行

著者　長谷川（間瀬）恵美　はせがわ・ませ　えみ

発行者　三浦衛
発行所　春風社　*Shumpusha Publishing Co.,Ltd.*
横浜市西区紅葉ヶ丘五三　横浜市教育会館三階
〈電話〉〇四五・二六一・三一六八　〈FAX〉〇四五・二六一・三一六九
〈振替〉〇〇二〇〇・一・三七五二四
http://www.shumpu.com　✉ info@shumpu.com

装丁　桂川潤
印刷・製本　シナノ書籍印刷株式会社

乱丁・落丁本は送料小社負担でお取り替えいたします。

ISBN 978-4-86110-604-0 C0016 ¥2200E

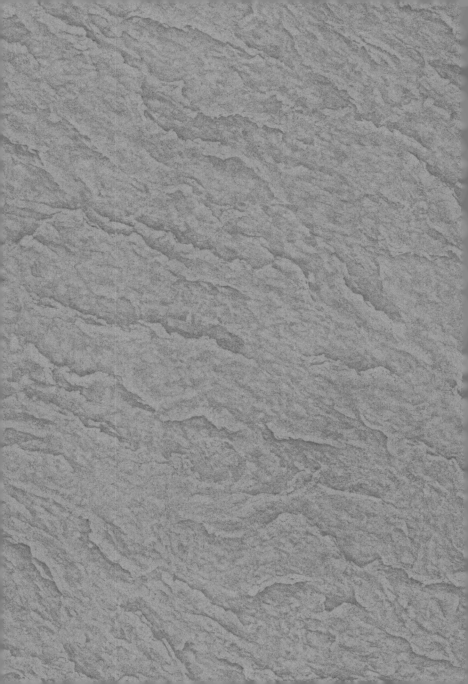

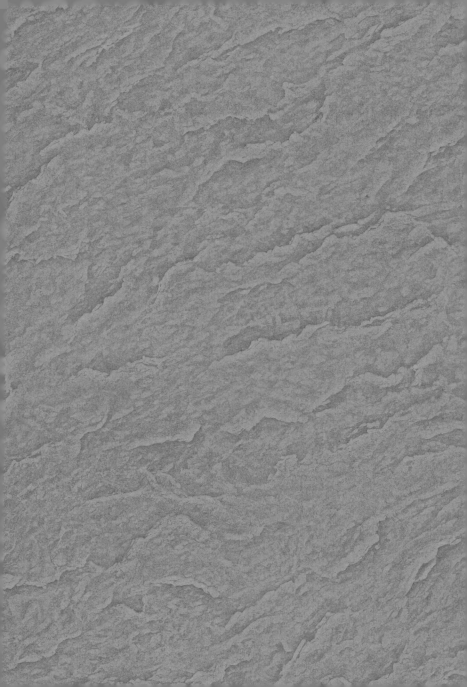